Papier fresserchen

Papierfresserchens MTM-Verlag

Meine Kommunion war

....

Bibliografische Information der Deutschen Nationalbibliothek:
Die Deutsche Nationalbibliothek verzeichnet diese Publikation in der Deutschen Nationalbibliografie; detaillierte bibliografische Daten sind im Internet über http://dnb.d-nb.de abrufbar.

Lektorat: Melanie Wittmann
Titelillustrationen: Heike Georgi - www.heige-illus.de
Kapitelillustration: © styleuneed - Fotolia.com

1. Auflage 2013
ISBN: 978-3-86196-195-6

Sonnenbichlstraße 39, D- 88149 Nonnenhorn

www.papierfresserchen.de
info@papierfresserchen.de

Ella

und die Tischoma

Lina Ebhard

Für Mama und Papa

Kapitel 1

Funkstille

Eine kleine Tropfenträne platschte zärtlich auf das Foto, das Ella schon eine Weile in ihren Händen hielt. Die Träne vereinte sich mit den vielen anderen zu einem See, in dem das Bild zu versinken drohte. Ella schniefte und wischte sich mit dem Ärmel die Nase ab. Das macht man zwar nicht, aber das war ihr egal. Schnurzpiepegal. Wenn man so unglücklich ist, wie es Ella in diesem Moment war, darf man das.

Ein fröhliches Kinderlachen drang von draußen in ihre Ohren. Von Neugier erfüllt guckte sie aus dem Fenster und erkannte ein kleines Mädchen, dessen linkes Händchen wohl von ihrem Bruder festgehalten wurde. Ella seufzte. Wie gerne hätte sie eine Schwester! Ihretwegen auch einen Bruder. Hauptsache, ein Geschwisterchen, dem sie einen Namen geben durfte: Lilly. Oder Henry. Sie wäre für ihr Geschwisterchen da. Sie könnte es wickeln und anziehen wie ihre Puppen. Mit ihm spielen und spazieren gehen. Vor allem aber könnte sie ihrer Einsamkeit entgehen.

Am Anfang der Sommerferien waren Mama, Papa und sie umgezogen. Ella wollte nicht weg.

„So ein gutes Angebot bekomme ich nie wieder, versteh das doch, Ella!“, hatte Papa betont.

Auch Mama hatte eine gute Arbeit gefunden, die sie jedoch mehr beanspruchte als ursprünglich gedacht. „Ich arbeite weniger, Ella! Wir können viel mehr unternehmen!“, hatte Mama gemeint.

„Blablabla“, murmelte Ella. Sie verstand sich gut mit ihren Eltern. Aber seit dem Umzug war alles anders: Papa hetzte zur Arbeit, anstatt in Ruhe mit Mama und ihr zu frühstücken. Mama räumte neben dem Frühstücken auf und Ella saß da und guckte Löcher in die Luft. All das Gerede von mehr Zeit füreinander. Zwischen Worten und Taten bestand nun eine weite Kluft.

Ella kramte aus einer Schublade ein kleines Buch heraus. *Meine allerbesten Freundinnen* war darauf in pinkfarbenen Buchstaben zu lesen. Der Einband war in Zartrosa gehalten mit vielen Glitzersteinen. Ella liebte alles, was glitzerte. Vorne auf dem Buch gab es ein winziges Fenster, in dem ein Foto steckte. Von Ella und ihren Freundinnen. Sie lachten vergnügt und sahen glücklich aus. Ellas beste Freundinnen hatten dieses Buch gebastelt: Jede hat ein Foto eingeklebt, eines, auf dem auch Ella zu sehen war. Sie hatten jeweils ihre Biografie hineingeschrieben, weil Ella Biografien von Menschen sammelte. Neben Feldern wie Lieblingsmusik und typischen Eigenschaften gab es ein Kästchen, in dem die Freundinnen ihre Wünsche und Gedanken für Ella niederschrieben:

- Ich wünsche dir, dass du viele neue Freunde findest!
- Lass uns jede Woche telefonieren!
- Unser Kontakt soll nie abreißen! Ist quasi unmöglich!
- Wir haben alle einen Internetzugang und ein Handy. Wenn alle Stricke reißen, gibt es noch das langweilige, uncoole Telefon.
- Wo ein Wille ist, ist auch ein Weg!

Wütend feuerte Ella das Buch in die Ecke. Es traf eine Tonpuppe, die sich nun in tausend Scherbchen auf dem Boden verteilte. Ella starrte auf das Unglück. Diese Puppe hatte ihr ihr Kindergartenfreund Eddie geschenkt, als er wegzog. Ella fing heftig an zu schluchzen, bückte sich und ließ die Scherben wie Sand durch ihre Finger auf den Boden rieseln.

Eddie. Ella seufzte erneut. Im Kindergarten waren sie unzertrennlich gewesen, der Abschied von ihm hatte sie damals sehr mitgenommen. Umso glücklicher war Ella, als sie erfuhr, dass Eddie nun in der Nachbarschaft wohnte. Doch mit ihm war es schwierig, vor allem im Moment. Er war der beste Freund, den man sich wünschen konnte, aber nur, solange seine komischen Freunde nicht da waren. Ella mochte sie nicht.

Das hatte einen Grund: Sie nutzten Eddie aus. Schon so oft hatte sie ihm zu erklären versucht, dass sie ihn nur zum Fußballspielen brauchten. Vor allem, wenn ein Spiel gegen die Fiesen Vier anstand. Er war ein genialer Stürmer und jagte einen Ball nach dem anderen ins Tor. Mit ihm war ein Sieg garantiert. Eddie jedoch glaubte Ella nicht, sondern verteidigte seine Freunde und warf ihr vor, eifersüchtig zu sein, weil sie keine Freunde habe. Dies würde sich nicht ändern, wenn sie alle und jeden nur schlecht machte. Diese Aussagen bissen sich tief in Ellas Herz.

„Idiot! Eines Tages wird es ihm leidtun, dass er nicht auf mich gehört hat. Dann ist es zu spät! Das verzeih ich ihm nie!“

Ella setzte sich an ihren Laptop und checkte ihre E-Mails. Keine Nachricht von Sophie. Warum entschuldigte sie sich nicht? Immer noch war Ella enttäuscht von ihrer einst besten Freundin. Sophie hatte ihr hoch und heilig versprochen, sie in den Ferien zu besuchen. Dann sagte Sophie ab. Einfach so. Was Ella zu diesem Zeitpunkt nicht wusste, war der Grund: Sophie war mit ihrer neuen besten Freundin Laura verreist. Als Ella das zufällig erfuhr, natürlich nicht von Sophie selbst, schrieb sie ihr eine bitterböse E-Mail. Daraufhin rief Sophie an, wollte sich erklären. Ella blockte ab, sie stritten sich heftig, warfen sich böse Worte an den Kopf. Dann legte Sophie auf. Seitdem herrschte Funkstille.

Kapitel 2

Das Hexenhäuschen

Ding Dong Dung. Pause. Fünfzehn Minuten, in denen sich Ella mit sich selbst beschäftigen musste. Fünfzehn Minuten, in denen die coolen Mädchen aus ihrer Klasse tuschelnd und kichernd an ihr vorbeihuschten. Fünfzehn Minuten konnten lang sein. Und ausgerechnet heute ließ Ella ihr Buch auf dem Küchentisch liegen. Der Tag konnte nicht schlimmer werden. „Mist", schimpfte Ella. Das Pausenbrot stopfte sie zurück in ihre Brotbox. Ihr Appetit war verflogen.

Sie beobachtete die coolen Mädchen. Sie verteilten Handzettel an ein paar Leute, die sie erfreut entgegennahmen. Vermutlich war es eine Einladung zu einer Geburtstagsfeier. Ella bekam keine. Das wäre ihr früher nie passiert! Auf der alten Schule war Ella beliebt. Jeder wollte mit ihr befreundet sein. Jeder lud sie zu Geburtstagsfesten ein. In den Pausen scharten sich die Schulkameradinnen um sie und Sophie. Die Zeit war viel zu kurz, um alles zu bequatschen. Einmal hätten sie fast einen Verweis bekommen, weil sie erneut zu spät in den Unterricht kamen.

„Darf ich mich zu dir setzen?", fragte Katharina, und ohne Ellas Antwort abzuwarten, saß sie schon neben ihr. Ausgerechnet Katharina! Der Strebermops! Ella dachte, sie hätte den Tiefpunkt des Tages schon erreicht. Wenn die coolen Mädchen sie mit dem Strebermops sitzen und quatschen sähen, könnte sie einen Anschluss komplett vergessen.

„Ob wir in Mathe gleich einen Test schreiben?“, wollte Katharina wissen. Ella zuckte mit den Schultern. Bloß nicht reden! „Oder nachher in Bio? Das hoffe ich nicht. Ich hatte keine Zeit zu lernen. Gestern war das Schuljahresanfangskonzert. Ich durfte einen Walzer von Chopin spielen.“

Ella rollte mit den Augen. Wen interessierte das? Sie drehte sich zu Katharina. „Na und? Du bist der ...“ Ella hätte schon fast *Strebermops* gesagt. „... die Klassenbeste! Du schreibst nur Einsen!“ Ellas Stimme bebte. Hoffentlich haben das die coolen Mädchen nicht gesehen! Was bildet sich dieser Mops ein, sich neben sie zu setzen und sie vollzulabern?

„Das stimmt nicht!“, wehrte sich Katharina. „In Deutsch habe ich ...“

Ella ließ Katharina nicht aussprechen und ging wortlos zurück ins Klassenzimmer. „Was will sie von mir?“, fragte sich Ella. „Sie ist komisch. Und unbeliebt. Und ein Streber. Alle Lehrer lieben sie, kein Schüler mag sie. Die will sich doch nicht mit mir anfreunden?“ Leichte Panik stieg in Ella auf. Alles, nur das nicht!

Während des Unterrichts überlegte Ella ununterbrochen, wie sie Katharina am besten aus dem Weg gehen konnte. Nach dem Unterricht flitzte sie deshalb eilends aus dem Klassenzimmer.

Auf dem Nachhauseweg sah Ella in der Ferne Eddie, wie er mit seinen Freunden Richtung Bolzplatz radelte.

„Du bist doch nur eifersüchtig, weil ICH Freunde habe und DU nicht! Und das wird sich nie ändern, wenn du nicht aufhörst, ständig über andere zu meckern und zu lästern!“ Eddies Worte hallten in Ellas Kopf wider. Kurz flammte in

Ella der Gedanke auf, etwas zu unfreundlich zu Katharina gewesen zu sein. Doch sie schob ihn gleich beiseite.

Zu Hause angekommen entdeckte sie einen Zettel von Mama.

Komme in einer Stunde. Bringe Pizza mit.
Bitte sammle mir ein paar Kastanien, Mäuschen!
Kuss, Mama.

Ella war froh über diese Aufgabe, holte sofort ihr Körbchen aus dem Zimmer und ging hinaus. Die Sonnenstrahlen kitzelten sie in der Nase. Für einen kurzen Moment schloss sie die Augen und sog die frische Herbstluft ein. „Aua", schrie Ella. Eine Kastanie knallte auf ihren Kopf und lag sogleich vor ihren Füßen. Sie hob sie auf, legte sie in ihr Körbchen. Unter diesem Baum fand sie fünf pralle und glänzende Kastanien. Dann lief sie zum nächsten Baum. Nur die schönsten fanden den Weg in den Korb, mal mit, mal ohne Schale. Ella spazierte kreuz und quer durch den Ort, bis sie der Name einer Gasse zum Verweilen festhielt: *Paradiesgasse*. Ein prächtiger Name, wenn auch recht unpassend. Auf der rechten Seite der Gasse reihten sich Häuser mit geschniegelten Vorgärten, weiß gestrichenen Zäunen und glatt rasiertem Gras.

„Spießig", dachte Ella und wollte schon fast weiterziehen, als sie ein ungewöhnliches kleines Haus am Ende der Gasse entdeckte. Sie lief hin. Der Putz des Hauses war schmutzig und bröckelig, Efeu wucherte an allen Ecken und Enden, der Zaun war wackelig, sein weiß gestrichenes Holz marode. Auf den ersten Blick kein schöner Eindruck. Auf den zweiten Blick aber hatte es doch den Charme eines Hexenhäuschens. Ella konnte sich gar nicht daran sattsehen. Das Häuschen war klein, einst weiß gestrichen, die Fensterrahmen waren braun. Ihre Augen wanderten zum Dach, auf dem sie ein verlassenes Storchennest erspähte. Aus dem Kamin quoll zarter Rauch. Der riesengroße Garten glich einem Dschungel. Unterschiedliche Gräser gab es, nicht nur in Form und Farbe, sondern auch kurze und lange. In der Mitte des Gartens thronte ein Apfelbaum, der überreife Früchte trug.

Ella entdeckte Johannisbeersträucher und einen Birnbaum, einen Kirschbaum und ein Beet. Vermutlich wuchsen dort im Sommer saftige Himbeeren und Erdbeeren. Ella sah sich schon im Garten sitzen oder im Hängestuhl, der an einem Apfelbaum baumelte. Dort könnte sie sich die wunderbarsten Geschichten über die Hausdame ausdenken und aufschreiben. Wie die Hausdame wohl war? Bestimmt war sie eine kleine, zierliche, ältere Frau mit einem grauen Dutt und grünen Augen. Sie trug Kleider mit Blumenmuster und im Sommer einen Strohhut, wenn sie die Beeren erntete. Ellas Mundwinkel zeichneten ein wunderschönes, glückliches Lächeln in ihr Gesicht.

Wie aus heiterem Himmel stand eine Frau an der Haustüre. Ella erschrak. Als sie das keifende Bellen eines Hundes vernahm, raste sie davon. Ein paar Straßen weiter blieb sie stehen, stemmte ihre Hände auf die Knie. Ihr Atem überschlug sich. Kleine Schweißperlen glänzten auf ihrer Stirn. Ella wischte sie ab und guckte verdutzt und fassungslos in ihr Körbchen. Alle Kastanien waren weg. Ihr blieb nichts anderes übrig, als noch mal von vorne anzufangen.

Ella hatte noch viel schönere Kastanien gefunden. Mama würde sich bestimmt freuen.

„Na endlich! Komm, die Pizza ist schon fast kalt!", sagte Mama. Ella stellte den Korb auf den Tisch. „Ella, pack deinen Korb weg! Wir essen jetzt."

Ella stieß den Korb um. „Du wolltest diese blöden Kastanien haben!"

„Ella!", mahnte Mama. „Sprich nicht in diesem Ton mit mir! So, und nun setz dich und iss was!"

Ella setzte sich und probierte einen Bissen. Mehr nicht. Sie hatte keinen Hunger mehr. Seit sie hier wohnten, hatten Mama, Papa und sie kaum Zeit füreinander, und saßen sie doch einmal zusammen, gab es immer Streit. Wegen Kleinigkeiten.

„Mama, gehen wir morgen in den Zoo?", fragte Ella.

Mama schüttelte den Kopf. „Nein, Ella, morgen geht es nicht. Ich muss putzen und aufräumen. Du siehst ja, wie es hier aussieht."

„Du hast es mir versprochen!" Ella war empört. Zum dritten Mal hatte Mama keine Zeit!

„Wenn du mir im Haushalt mehr helfen würdest, hätte ich mehr Zeit!", entgegnete Mama.

„Ich hab den Geschirrspüler ausgeräumt!", verteidigte sich Ella. „Das mach ich schon, seit wir hier wohnen. Ich räume mein Zimmer auf, ohne dass du was sagen musst. Ich räum den Tisch ab und putze ihn. Deswegen habt ihr auch nicht mehr Zeit für mich. Wahrscheinlich gehen wir nie in den Zoo, weil ihr keine Zeit habt! Ihr seid so gemein! Ihr denkt immer nur an euch und an eure Arbeit!" Ella stieß den Stuhl nach hinten und rannte in ihr Zimmer.

Ella war schon eine Weile in ihrem Bett, konnte aber nicht einschlafen. Zu viele Gedanken wirbelten in ihrem Kopf herum.

Allem voran der Streit mit Mama. Ella versteht, dass Mama Stress hat. Aber sie hat ihr den Zoobesuch versprochen. Supergroßes Mama-Ehrenwort! Und jetzt? Mama war nur noch gereizt. Das war ganz und gar nicht typisch für sie.

„Anna, bitte, versteh mich doch!" Ella hörte Papas Stimme.

„Nicht so laut! Ella schläft schon!", sagte Mama.

Auf Zehenspitzen schlich Ella zur Küche. Die Türe war zu. Ella strich sich die Haare hinter das Ohr und drückte es fest an die Türe. Es war schwer, Mama und Papa zu verstehen.

„Wenn sich alles eingespielt hat, wird es besser. Dann habe ich mehr Zeit für euch. Versprochen!", sagte Papa. Mama schwieg.

„Unter einer Bedingung, Holger", sagte sie schließlich. „Am Freitag gehst du um zwei aus der Praxis und wir gehen zu dritt in den Zoo. Ella war heute so enttäuscht. Abgemacht?"

„Ella kann doch mit ihren Freunden in den Zoo gehen!", meinte Papa.

„Hast du mir vorher nicht zugehört? Deine Tochter ist einsam. Sie hat noch keine Freunde gefunden. Sie spricht nie von ihren Klassenkameraden. Sie zieht sich zurück, verkriecht sich. Wir haben ihr diesen Umzug angetan und deshalb müssen wir uns mehr um sie kümmern."

Schweigen.

Ella lugte durch das Schlüsselloch. Papa saß auf einem Stuhl, küsste Mamas Bauch, stand auf und umarmte Mama. Ella verzog das Gesicht. Sie wusste, was jetzt kam. Ihihih! Knutschende Eltern! Wie peinlich!

„Ich schau noch mal nach meiner Kleinen!", sagte Papa.

Ella huschte lautlos zurück in ihr Zimmer und krabbelte unter ihre Decke. Schon öffnete sich die Türe. Ella spürte Papas Atem. Er drückte ihr einen zärtlichen Schmatz auf die Wange, streichelte über ihre Stirn. „Schlaf gut, Prinzessin!"

Juhu! Sie würden am Freitag in den Zoo gehen! Ella durfte sich ihre Freude darüber nicht anmerken lassen! Sie wusste doch noch gar nichts von ihrem Glück! Aber warum hatte Papa Mamas Bauch geküsst? Mit diesem Gedanken fiel Ella in einen tiefen Schlaf.

Kapitel 3

Die Tischoma

Den Herbst über war Ella regelmäßig zum Hexenhäuschen gelaufen. Sie war gespannt, wie es sich mit dem Jahreszeitenwechsel veränderte. Bestimmt sah es herrlich aus, wenn sich die ersten Schneeflocken auf den Bäumen und Sträuchern niederließen. Normalerweise schrieb Ella ausschließlich die Biografien von Menschen in ihr Buch.

Eine Biografie ist der Lebenslauf eines Menschen. Ella fügte noch Eigenschaften und Aussehen hinzu. In ihrem Buch tummelten sich schon einige Lebensläufe. Die ihrer Freundinnen waren arg kurz. Die von Mama und Papa waren schon länger und die längste war die von Oma Johanna. Und Oma Johannas war auch mit Abstand die reizvollste. Dann gab es noch die Biografien von Nachbarn aus der alten Heimat, Verwandten und Bekannten und Nachbarn und Freundinnen von Oma Johanna. Ella war stolz auf ihre Sammlung!

Ella betrachtete erneut das Häuschen. Gemütlich war es. Hinreißend. Ella war ganz verzaubert von seinem Anblick. Und nur deshalb schrieb sie alle ihre Eindrücke und träumerischen Gedanken in das Biografienbuch.

Bald war der 1. Dezember und in Ellas Leben war nicht viel passiert. Die coolen Mädchen mieden sie nach wie vor und Katharina laberte sie bei jeder Gelegenheit zu. Als Ella in die Schule lief, begann es zu schneien. Sie liebte den Moment, wenn die dicken Flocken vom Himmel purzelten und alles mit Weiß bedeckten. Ella huschte ein Lachen über die Lippen. Vergnügt hüpfte sie in die Schule. Das war der Beginn eines wunderbaren Tages!

Religion stand als Erstes auf dem Stundenplan. Diese Stunde stand im Zeichen der Heiligen Erstkommunion. Ella freute sich auf die Kommuniongruppe. Ob sie mit den coolen Mädchen in eine Gruppe käme? Das wäre fein!

Es klopfte, der Pfarrer trat ein, die Schüler standen auf und der Klassensprecher begrüßte ihn im Namen der Klasse. Normalerweise war das nicht üblich, aber der Religionslehrer bestand darauf.

Der Pfarrer schmunzelte. „Setzt euch bitte."

Ella mochte den Pfarrer. Seine Messen waren nie langweilig und er bemühte sich sehr um die Kinder. Wenn er im Kindergottesdienst erzählte, musste man ihm zuhören. Er hatte eine Geschichtenerzählerstimme.

„In diesem Jahr hatten wir große Probleme, Tischeltern zu finden", erklärte der Pfarrer. „Tischmütter und Tischväter begleiten euch auf dem Weg, die Heilige Erstkommunion zu empfangen, und bereiten euch darauf vor. Ihr werdet viel über Gott und Jesus lernen, über die Zehn Gebote und ihr werdet zu mir zur Beichte kommen. Ich bitte euch, gut aufzupassen, eure Hausaufgaben ..."

Simon unterbrach ihn. „Meine Mutter hat mir nichts von Hausaufgaben gesagt! Muss das sein?"

Der Pfarrer nickte. „Das muss sein, Simon. Schaden wird es dir nicht."

Der Pfarrer erklärte noch viel zu den Aufgaben und dem Ablauf. Nach einer halben Stunde kam er zum bedeutungsvollsten Punkt: der Einteilung in die jeweiligen Gruppen. Ella hatte gestern Abend Gott erklärt, sie müsse unbedingt in die Gruppe der coolen Mädchen, und bat ihn, ihren Wunsch zu erfüllen.

„In der dritten Gruppe sind Ella, Naomi, Simon, Alexander und Katharina." Ella klappte die Kinnlade nach unten. Was sollte das? In einer Gruppe mit dem Strebermops und dem Klassenclown Simon! Ella hielt sich die Hände vor das Gesicht und hätte am liebsten geheult. Kann es noch ärger kommen? Ella kannte Naomi kaum, wie wahrscheinlich die meisten aus Ellas Klasse. Naomi war eine Einzelgängerin. Ihr Leben drehte sich nur ums Tanzen. Sie wollte Primaballerina werden. Alexander gehörte zu den besten Schülern der Klasse, sprach im Unterricht mit den Lehrern. Ansonsten schwieg er.

Ella warf einen kurzen Blick zu den coolen Mädchen. Sie kicherten und grinsten und freuten sich, dass sie alle in einer Gruppe waren. Ella zog einen Flunsch. Wie gerne wäre sie in dieser Gruppe!

„Die erste Gruppe leitet", der Pfarrer blickte auf seinen Zettel, „Frau Henriette Morgenstern." Die coolen Mädchen jubelten. Frau Morgenstern war die Mutter eines Mädchens aus der Parallelklasse. Sie leitete seit Jahren Kommuniongruppen und es hieß, sie solle supernett, cool und nicht streng sein.

„Herr Josef Meier übernimmt die zweite Gruppe und die dritte Gruppe übernimmt Frau Konradine Stupinski."

Blankes Entsetzen machte sich in der Klasse breit. Die coolen Mädchen lachten und die Mitglieder der Gruppe von Herrn Meier waren sichtlich froh, dass sie nicht in der dritten Gruppe waren. Wer war diese ominöse Konradine Stupinski? Ella hatte ihren Namen noch nie gehört. Ella wollte Naomi fragen, die neben ihr saß.

„Ella, hast du eine Frage?“, unterbrach der Religionslehrer. Ella lief hochrot an und schüttelte den Kopf.

In der Pause gesellten sich die einzelnen Gruppen zueinander. Ella blieb nichts anderes übrig, als zu ihrer Gruppe zu gehen. Hans-Jörg aus der Meier-Gruppe kam zu ihnen, um sie zu bemitleiden. „Herzliches Beileid!“

Ein anderer meinte: „Ich hab gehört, sie wäscht sich nicht.“

Ein weiterer sagte: „Meine Oma sagt, im Garten spiegelt sich das Haus von innen. In dieses Haus ginge ich nicht freiwillig!“

Ella empfand augenblicklich ein enormes Unwohlsein im Magen. Obwohl die coolen Mädchen woanders standen, hörte Ella sie sagen: „Meine Mutter würde sofort den Pfarrer anrufen und mich in eine andere Gruppe stecken lassen, wäre ich bei dieser durchgeknallten Schnepfe! Und wie alt die ist! Das ist keine Tischmutter, sondern eine Tischoma!“

Als es gongte, schlich Ella zurück ins Klassenzimmer. Der Tag begann vielversprechend. Noch drei Stunden, bis der Unterricht vorbei war. Und dann war endlich Wochenende! Ella überlegte, was sie alles am Wochenende unternehmen könnte: Schlittschuh laufen, zu Oma Johanna fahren. Sie fing am ersten Adventswochenende an, Plätzchen zu backen. Die vergangenen Jahre hatte Ella ihr geholfen. Vanillekipferl konnte Ella ohne ihre Hilfe backen. Letztes Jahr hatten Oma Johanna und sie ein Lebkuchenhaus gebacken. Sogar den Lebkuchenteig hatte Oma Johanna selbst geknetet! Das war Schwerstarbeit! Das Lebkuchenhaus stand schiefer als der schiefe Turm von Pisa. Das Dach war undicht und der Gartenzaun wackelig. Der Kamin polterte regelmäßig auf den Schneemann im Garten. Dennoch war es das schönste und leckerste Hexenhäuschen der Welt!

Das Hexenhäuschen. Das winterliche, mit weißen Schneeflocken gepuderte Hexenhäuschen. Vielleicht lud die Hausdame Ella auf eine Tasse heiße Schokolade ein. Vielleicht wünschte sie, dass Ella zum Backen bliebe? Ein herrlicher Gedanke! Nach dem Unterricht wollte Ella unbedingt dort hin.

„Ella!“, rief Simon. „Hey, Ella, hörst du nicht?“ Der Unterricht war zu Ende. Ella schwebte in ihrem Tagtraum vom Hexenhäuschen. „Magst du ...“, setzte Simon an.

Obwohl Ella gar nicht wusste, was er wollte, schüttelte sie den Kopf. „Nein, ich hab keine Zeit. Sorry.“ Sie raste aus dem Klassenzimmer.

Kapitel 4

Dieser blöde Fußball

Mit jedem Besuch am Hexenhäuschen stieg Ellas Begierde, einen Fuß in den Garten zu setzen. Besonders an diesem Tag wäre es traumhaft gewesen. Einzelne Flocken berührten Ellas Nasenspitze. Sie grinste kurz. Ein Gedanke schlich sich in ihren Kopf: die Kommuniongruppe. Warum hatte sie den Pechvogel auf dem Kopf? Sie hatte doch Gott noch gebeten, ihren Wunsch zu erfüllen! Sie wollte doch endlich eine Freundin haben! Mit Naomi war ein Gespräch unmöglich, die Jungs waren alle doof und Katharina die Unbeliebteste der Klasse.

Ella seufzte. „Die coolen Mädchen kann ich wohl vergessen."

In Ellas Jackentasche brummte es. Bestimmt war es Mama. Ella übersah öfters die Zeit. „Das hat sie von mir!", sagte Papa sogar ein klitzekleines bisschen stolz. Sie holte ihr Handy heraus. Manche Eltern erlaubten ihren Kindern kein Handy. Da waren Ellas Eltern locker und in solchen Momenten fand Ella sie cool.

Eine SMS von Eddie. Ella strahlte. Er wollte sich mit ihr treffen. Heute Nachmittag! Beschwingt machte sich Ella auf den Heimweg. Wer brauchte schon diese komische Kommuniongruppe! Es schien, dass Eddie seine Bolzfreunde für einen Moment vergessen hatte.

Pünktlich stand Ella am Treffpunkt, doch von Eddie keine Spur. Das war typisch für ihn. Es wäre eher ein Wunder, wenn Eddie einmal zur rechten Zeit käme. Ella stapfte von einem Fuß auf den anderen. Nun, es waren erst fünf Minuten. Um sich die Zeit zu vertreiben, wirbelte Ella den Schnee durch die Luft und versuchte, ihn mit den Händen aufzufangen. Als Eddie nach zehn Minuten nicht da war, holte sie ihr Handy heraus und wählte seine Nummer. Er antwortete nicht. Ella versuchte es auf dem Festnetz.

„Er ist seit dreißig Minuten weg. Er hat heute ein Spiel gegen die Fiesen Vier. Drück ihm die Daumen!“, beendete Eddies Mutter das Gespräch.

Ella war sprachlos. Eddie hielt es nicht für nötig, ihr abzusagen? Wutentbrannt stürmte sie zur Turnhalle.

Es stimmte. Eddie und seine Freunde spielten gegen die Fiesen Vier. Es war Halbzeit. Eddie blickte in Ellas finsteres Gesicht. Er schien einen Moment zu überlegen, was er machen sollte.

„Trau dich nur her, Sportsfreund, dann kannst du was erleben!“, dachte Ella und ihre Miene verfinsterte sich.

Er kam auf sie zu. Paul, Henry und Finn grölten ihm hinterher. „Komm Eddie, lass das Baby! Die zweite Halbzeit fängt gleich an!“

Eddie schritt erhobenen Hauptes auf sie zu, einen fiesen Blick im Gesicht, und begrüßte sie mit einem Klaps auf die Schulter. Seine Stimme klang kleinlaut. „Ich habe das Spiel total vergessen. Ich wollte mich noch melden, hatte aber keine Zeit mehr! Ich war spät dran. Und ich wollte keinen Platzverweis riskieren. Das verstehst du doch, oder?“, flüsterte er.

„Nein, das versteh ich nicht. Eine SMS ist gleich getippt. Warum fragst du mich nach einem Treffen, wenn du keine Zeit hast? Das Spiel stand sicher länger fest. Brauchen sie dich jetzt mal wieder. Und nächste Woche nicht?“, meinte Ella bissig.

„Mensch, Ella, hör endlich auf! Sie sind meine Freunde. Wenn DU meine Freundin wärst, würdest du sie akzeptieren. Ja, sie brauchen mich! Was ist so schlimm daran. Ich bin nun mal der Beste“, meinte Eddie. Stolz klang das nicht. Eher arrogant.

Ella schüttelte den Kopf. Er will und kann es nicht verstehen. Er ist blind vor Liebe. „Sie nutzen dich nur aus!“, murmelte Ella.

„Da, spuck da mal drauf!“ Eddie hielt ihr seinen Finger hin. Reflexartig spuckte sie darauf. Eddie drückte ihn auf ihre Stirn. „Jetzt hast du deinem Vogel Wasser gegeben!“ Eddie grinste sie blöd an, seine Freunde grölten und Ella konnte kein Wort mehr sagen.

Warum verhielt sich Eddie so? Was hatte sie ihm getan? Wenn er Fußball spielen wollte, war das kein Problem! Warum schlug er ein Treffen vor und kam nicht? Warum sagte er nicht ab? Eine SMS hätte gereicht. Und warum zum Teufel hatte sie ihm nicht ihre Meinung gesagt? Ella lief tränenüberströmt aus der Turnhalle.

Kapitel 5

Der Munt'sche Frustkuchen

Zu Hause angekommen warf sich Ella auf ihr Bett, vergrub ihr Gesicht in ihrem rot-weiß karierten Kopfkissen und schluchzte all ihren Kummer hinein. Wenn sie Sophie anrufen könnte! Aber Sophie hatte sie so enttäuscht!

Ella hörte auf zu heulen, legte ihr Kinn auf die Hände und dachte nach. Allerdings nicht lange. Nein, Ella war zu gekränkt, um auf Sophie zuzugehen. Das würde bedeuten, sie verzieh Sophie. Das konnte Ella nicht. Nicht nach all dem, was passiert war. Wie sollte sie Sophie jemals wieder vertrauen?

Ella setzte sich auf und umarmte ihr Kissen. Eddie sprang plötzlich in ihre Gedanken. Sie war feig! Warum hatte sie ihm nicht gesagt, was sie von seinem Verhalten hielt? Sie war doch sonst nicht auf den Mund gefallen!

Früher.

Früher war alles besser.

Wenn sie sich früher etwas nicht zutraute, ermutigte Sophie Ella. Oder andersherum. Sie waren ein Team. Sie mussten nicht viel reden, um zu wissen, was die andere dachte. Sie vertrauten einander.

„Du bist doch nur eifersüchtig!", spukte es durch Ellas Kopf. Da waren sie wieder, Eddies hässliche Worte. „Jetzt hast du deinem Vogel Wasser gegeben!" Eine dünne Nadel bohrte sich in Ellas Herz.

„Ella, Mäuschen, ich bin da!“ Mama! Ella wischte sich die Tränen aus dem Gesicht und ging in die Küche. Mama räumte den Kühlschrank ein. Ella half ihr schweigend.

„Nanu, was ist mit dir? Schau mich mal an.“ Mama drehte Ellas Kopf zu sich. „Du hast geweint!“ Ella schüttelte den Kopf und schon purzelten die Tränen aus ihren Augen.

„Ist etwas passiert? Magst du darüber reden?“, fragte Mama sachte. Ella schüttelte erneut den Kopf. „Okay.“ Mama zog Ella zum Tisch. Sie wagte einen erneuten Versuch. „Ist es wegen der Schule? Hast du Streit mit einem Lehrer? Eine schlechte Note?“ Und wieder war es nur der Kopf, der stumm antwortete.

„Da hilft nur einer!“, sagte Mama und stand auf. „Der Munt'sche Frustkuchen!“ Ella sprang auf. Wenn es ihr schlecht ging, buk Mama mit ihr Munt'schen Frustkuchen. Das war Ellas Lieblingskuchen. Mit viel Schokolade und Haselnüssen im Teig und einer dicken Schokoglasur oben drauf. Und Schokodrops.

Wenn man Frustkuchen backt, sieht die Küche hinterher aus wie ein Schlachtfeld. Normalerweise räumte Mama während des Backens Zutaten weg, die sie nicht mehr brauchte, wusch Schüsseln und befüllte nebenher den Geschirrspüler. Anders beim Frustkuchen. Da darf Ella eine riesengroße Sauerei veranstalten. Das Kakaopulver pudert den Boden. Hausschuhe zerquetschen heruntergefallene Schokodrops, Butter klebt an der Nase und manches Ei plumpst neben anstatt in die Rührschüssel.

Ella schob den Kuchen in den Ofen und befreite ihn nach fünfzig Minuten von der Hitze. Sie schloss die Augen und atmete den schokoladigen Duft ein. Herrlich! Ellas Kummer war auf wundersame Weise verschwunden.

Kapitel 6

Die Paradiesgasse 1

Vorsichtig tippte jemand Ella auf die Schulter. Es war ein zartes Tippen. Das konnte nur von Helena kommen, einem der coolen Mädchen. Sie war klein, zierlich und hübsch mit einem freundlichen Gesicht. Hoffnungsvoll drehte sich Ella um und blickte auf ein pummeliges Mädchen. Katharina.

„Ella, ich wollte dich fragen, ob wir gemeinsam zu unserer ersten Gruppenstunde gehen wollen?“ Katharinas Wangen erröteten. Die coolen Mädchen standen keine zehn Meter weg.

Ella überlegte nicht. „Spinnst du? Ich meine, nein, das geht nicht“, sagte sie knapp und ließ Katharina stehen.

Während des Sportunterrichts bemerkte Ella Katharinas niedergeschlagenen Blick. Augenblicklich tat sie ihr leid und ein klitzekleines schlechtes Gewissen breitete sich in Ellas Bauch aus.

Zu Hause suchte Ella verzweifelt den Zettel mit der Adresse von Konradine Stupinski. Die Zeit drängte. Auf dem Schreibtisch war er nicht. Er hing nicht an der Pinnwand. Kein Zettel versteckte sich im Schulranzen oder im Religionsbuch. Ella schaltete ihren PC an und versuchte, über das Internet Konradine Stupinskis Adresse zu finden. Fehlanzeige. Sie wollte in ein Telefonbuch gucken. Ella fand weder in der Küche noch im Wohnzimmer eines. Wer hatte heutzutage ein Telefonbuch? Ella packte ihre Tasche und lief zur Nachbarin. Frau Kirchbaumer besaß eines, musste aber nicht nachschauen.

„Paradiesgasse 1", krächzte sie und sah Ella mitleidig an. Ellas Neugier wuchs. Wer war diese Konradine Stupinski? Keiner konnte sie leiden. Keiner verlor ein nettes Wort über sie. Ella bedankte sich und lief los. Paradiesgasse. Das war die Straße vom Hexenhäuschen. Wie schön! Somit konnte Ella es noch öfter sehen!

Ein kurzer Blick auf die Uhr zeigte Ella, dass ihr noch zehn Minuten blieben. Sie studierte die Hausnummern. Die ungeraden Zahlen standen rechts. Folglich war die Nummer 1 hinten rechts, dem Hexenhäuschen direkt gegenüber. Ella grübelte. Ein spießiges Haus passte nicht zu den Erzählungen dieser ominösen Konradine Stupinski. Ella marschierte schnurstracks auf das letzte spießige Haus zu. Nummer 1a stand auf dem Schild. Ella drehte sich um und entdeckte erfreut am Gartentor des Hexenhäuschens eine schöne Eins prangen. Verblüfft berührte sie das Tor. Ihre Vorstellung der Hausdame passte nicht mit den Geschichten über Konradine zusammen.

Ella vernahm zwei Frauenstimmen. „Angeblich soll die Stupinski Tischmutter sein!", empörte sich die eine. „Was hat sich der Herr Pfarrer dabei gedacht? Ich bin froh, dass meine Henriette von Frau Morgenstern unterrichtet wird!"

Puff. Ellas Freude über das Hexenhäuschen war verflogen. Sie wollte weglaufen. Aber das durfte sie nicht. Die Teilnahme war Pflicht und der Ärger groß, wenn sie unentschuldigt fehlte.

Ein Hund bellte und raste auf das Tor zu. „Chili! Platz! Du verängstigst das Mädchen!", hörte Ella eine Frau sprechen.

Die Stimme klang weich und angenehm, eine Geschichtenerzählerstimme war das! Ein kleiner, verspielter Labrador sprang auf Ella zu, wedelte mit dem Schwanz und bellte fröhlich.

Ella öffnete das Tor. Chili tänzelte um ihre Beine, schnupperte an ihr, und als sie ihn streichelte, schleckte er ihre Hand ab. Um Ella war es geschehen.

„Bist du süß!", quiekte sie. Vergessen waren alle Sorgen. Ella dachte nicht mehr an all die eigenartigen Geschichten. Wer einen derart niedlichen Hund besaß, konnte nur nett sein. Ella wollte schon immer einen Hund. Als sie noch in der Stadt wohnten, wollten Mama und Papa keinen. „Ein Hund fühlt sich in der Stadt nicht wohl", sagte Papa. Als Ella erfuhr, dass sie aufs Land zögen, dachte sie sofort an einen eigenen Hund. Doch sogleich stellte man bei Mama eine Hundehaarallergie fest und Ellas Traum war endgültig geplatzt.

„Guten Tag! Ich bin Konradine, deine Tischmutter, na ja, oder besser Tischoma", lachte sie und reichte Ella zur Begrüßung die Hand. Irritiert blickte Ella Konradine an. Das passte nicht zusammen: diese sanfte Stimme und das Aussehen. Simon hatte Konradine als Paradiesvogel bezeichnet. Da Simon gerne übertrieb, glaubte Ella ihm nicht. Sie trug eine bunte Kittelschürze, rote Gummistiefel und einen Filzhut, auf dem sich allmählich ein paar Schneeflocken niederließen. „Wie heißt du?", fragte sie.

„Ella."

„Lass uns reingehen, Ella. Die anderen kommen gleich." Ella musterte das Haus. Mama bekäme eine Krise! Ella grinste. Es war schrecklich schön unordentlich und vollgestopft. Aber gemütlich. Ella fand, dass der Garten und das Haus gut zueinanderpassten. Wie zwei Puzzlestücke.

Alexander, Simon, Naomi und Katharina kamen. Katharina begrüßte Ella nur knapp. Ella stutzte ein wenig, dachte aber nicht darüber nach. Es klingelte erneut. Komisch. Sie waren doch nur zu fünft.

„Das wird Eddie sein", meinte Simon. „Sie haben ein paar aus der Parallelklasse auf unsere Gruppen verteilt. Ella riss die Augen auf. Nein! Bitte nicht! Bitte! Bitte! Bitte! Ella hatte Eddie seit ihrem Streit nicht mehr gesprochen. Sie nickten einander bloß zu, wenn sie sich zufällig in der Schule oder auf dem Schulweg begegneten.

„Kommt! Setzt euch!" Konradine führte sie ins Wohnzimmer, an einen gedeckten Tisch, der Ella an die Kaffeekränzchen von Oma Johanna mit deren Freundinnen erinnerte. Keine Kerze stand da. Keine Bibel war zu sehen. Keine Liederbücher. Irritiert blickte Ella die anderen an. Keiner traute sich, etwas zu sagen. Außer Katharina.

„Wo sind denn die Bibel, die Kerze und die Liederbücher? Brauchen wir die heute nicht?"

Konradine schüttelte den Kopf. „Wer möchte heiße Schokolade?" Fünf Kinderarme schoben sich nach oben. „Das dachte ich mir." Konradine lächelte, verschwand pfeifend in der Küche und kam mit sechs dampfenden Tassen zurück.

Als Konradine Naomi eine Tasse hinstellte, wehrte diese ab. „Oh, vielen Dank, ich möchte nicht. Ich muss auf meine Figur achten. Ich werde Primaballerina, eine wie Alessandra Bucciarelli", schwärmte sie.

Offenbar konnte Konradine mit diesem Namen nichts anfangen. Sie nickte und räusperte sich. „Ich kenne den Lehrplan für die Vorbereitungsstunden. Ihr kennt euch, weil ihr in einer Jahrgangsstufe seid. Ich kenne euch nicht. Und ihr kennt mich nicht, außer ein paar eigenartigen Geschichten, die über mich erzählt werden, wovon nicht die

Hälfte stimmt. Die Leute reden. Das ist mir egal. Ich wünsche mir, dass ihr euch ein eigenes Bild von mir macht. Und ich mache mir eins von euch. Einverstanden?" Konradine lächelte.

Ella war überrascht. Damit hatte sie nicht gerechnet, und so wie es aussah, dachten die anderen dasselbe.

„Ich fange an", schlug Konradine vor und drehte das Wollknäuel in ihren Händen. „Sobald ihr das Knäuel fangt, stellt ihr euch mit eurem Namen vor. In der linken Hand haltet ihr das gespannte Stück Wolle fest und werft das Knäuel weiter. So entsteht ein Netz, das wir gesponnen haben und das wir als Gruppe festhalten müssen. Wenn nur einer loslässt, ist das Netz nicht mehr stabil. In der zweiten Runde wiederholt ihr eure Namen. Jeder stellt sich ausführlicher vor. Also, ich bin Konradine Stupinski, aber ihr dürft mich gerne Konradine nennen!"

Sie warf das Knäuel Ella zu. Sie stellte sich vor und gab es unüberlegt weiter an Katharina. So ging es reihum, bis Konradine das Knäuel erneut in den Händen hielt. „Ich bin Konradine und bin 75 Jahre jung. Ich liebe meinen Garten. Er darf wachsen und gedeihen, wie er es will. Deshalb sieht er so wunderschön verwegen aus. Ich backe gerne Kuchen und esse für mein Leben gerne Schokolade, vor allem die mit Trüffelfüllung." Das Wollknäuel warf sie Simon zu. Er erzählte, dass er Franck Ribéry gerne träfe und mehrmals versucht hätte, ihn über Facebook anzuschreiben, was ihm nicht gelungen war.

Dann traf das Wollknäuel Katharinas Kopf. Sie erzählte, dass sie viel lese und Rezensionen über die gelesenen Bücher schreibe, die sie im Leseblatt der Gemeindebücherei veröffentlichte. „Und ich steh auf Lady Gaga", sagte sie.

„Oh, ist das eine Adelige? Aus welchem Adelshaus stammt sie?", fragte Konradine.

„Aus dem Geschlecht der Augsburger!“, meinte Simon mit ernster Miene.

Konradine zog die Augenbrauen hoch. „Das stimmt sicher nicht, Simon. Mit Königshäusern kenn ich mich aus!“

Er errötete. „Es ist eine hippe Sängerin, die es schaffen könnte, Madonna von ihrem Queen-of-Pop-Thron zu stoßen.“

Ella bemerkte, dass Konradine mit all den Begriffen nichts anfangen konnte. Sie versuchte, die eigenartige Stimmung im Raum zu entschärfen, und ergriff das Wort. Sie stellte sich kurz vor und merkte, wie Chili sich an ihre Beine schmiegte. Schweigen. Ob Konradine Angst hatte? Sie hatte noch nie eine Kommuniongruppe geleitet! Und mit der modernen Zeit schien sie sich nicht auszukennen. Ob das gut ging?

Alexander glotzte das Knäuel an und murmelte vor sich hin. Im Unterricht nuschelte er auch. Aber was er nuschelte, stimmte immerhin. Er warf Naomi das Knäuel zu. Bei ihr drehte sich alles ums Ballett, der Tagesablauf, die Hobbys, selbst die Bücher, die sie las, handelten von Ballett. Ballettechnik. Ballettgeschichten. Ballettbiografien. Wahnsinn. Ella hatte für keines ihrer Hobbys je so einen Aufwand betrieben.

Sie bekam das Knäuel als Letzte. Was sollte sie sagen? Ella erzählte, dass sie erst seit einigen Monaten hier lebe und alles noch so ungewohnt sei.

Als das Knäuel wieder auf Konradines Schoß landete, hielten die Kinder und Konradine ein festes Netz in den Händen. „Das ist unser Netz. Unsere Gemeinschaft. Das bedeutet, dass wir zusammenhalten.“

„Aber wir halten das Netz nicht eine Stunde fest?“, fragte Simon.

Konradine lachte. „Nein! Ihr esst den Kuchen, ich erkläre euch einstweilen ein Spiel."

Die Stimmung lockerte sich. Konradine teilte die Kinder in zwei Gruppen ein. Ella war alles andere als erfreut, mit Katharina und Naomi eine Gruppe zu bilden. Sie spielten ein Quiz mit kommunionrelevanten Begriffen.

„Was bedeutet das Wort KOMMUNION?", fragte Konradine.

Simon drückte auf die Klingel. „Segen", meinte er überzeugt.

„Das stimmt nicht. Es bedeutet *Gemeinschaft*", verbesserte Katharina.

Simon verdrehte die Augen. „Besserwisserin", murmelte er.

Konradine las aus einem Buch vor: „Das Wort Kommunion kommt aus dem Lateinischen. Communio bedeutet Gemeinschaft. In der Kirche bezeichnet Communio das Abendmahl." Der erste Punkt ging an die Mädchengruppe.

Die Stimmung wurde zunehmend ausgelassener. Die Mädchengruppe lag in Führung. Das freute Ella.

„Jetzt kommt eine schwierige Frage: Wie heißt das Land, in dem der Papst wohnt?" Konradine blickte zu den Jungs.

Alexander hatte geklingelt. „Vatikan."

Diese richtige Antwort hievte die Jungs trotzdem nicht auf das Siegertreppchen. „Gewonnen!", jubelten die Mädchen.

„Was haltet ihr davon, wenn wir das Quiz bei jedem Treffen spielen, am Anfang oder am Ende?" Die Kinder waren begeistert von der Idee. Konradine blickte auf die Uhr. „Mein Gott, schon so spät! Wir haben etwas überzogen. Ich hoffe, ihr bekommt keinen Ärger zu Hause. Wütende Eltern dürfen gerne bei mir anrufen und sich beschweren!", witzelte Konradine und verteilte Bücher. *Erinnerungsalbum an meine Erstkommunion* stand darauf. „Bitte füllt bis zur nächsten Stunde die ersten Seiten aus. Das sind Fragen zu den Eltern, Großeltern, Geschwistern und Freunden."

Ella beobachtete Eddie. Eineinhalb Stunden würdigte er sie keines Blickes. Er hatte sich doch benommen wie ein fieser Esel! Warum entschuldigte er sich nicht? Eddie verabschiedete sich rasch und sah Ella noch nicht einmal an. Sie blickte ihm nach. Was war aus ihnen geworden?

„Hey, wir waren spitze!", sagte Katharina.

Ella nahm ihre Worte nicht wahr, schnappte sich ihre Jacke und ging mit den anderen nach draußen. Chili hüpfte neben ihr her und schleckte ihre Hand ab. „Chili!", rief Ella. „Ich freu mich schon, wenn wir uns wiedersehen!" Ella drückte ihn fest an sich und gab ihm einen dicken Schmatz.

„Du kommst spät!", begrüßte Papa Ella. Sie zuckte mit den Schultern. „Und wie war deine erste Kommunionstunde?"

Ella setzte sich an den Tisch und erzählte: vom Hexenhäuschen und vom Urwaldgarten, vom Geschwätz der Leute und der sonderbaren Konradine. Sie lobte diese erste ungewöhnliche, aber gelungene Stunde.

Abends im Bett zog Ella das Erinnerungsalbum heraus. Mit ihrem Füller füllte sie die Rubrik *Familie* aus. Das war sogleich erledigt. Ellas Familie war klein. Mama und Papa waren Einzelkinder. Oma hatte sie nur noch eine und auf ein Geschwisterchen wartete Ella vergeblich.

Ella blätterte um. *Freunde*. Ella überlegte kurz und schrieb keine rein. Sie schloss das Buch, legte es auf den Nachttisch und knipste das Licht aus. Sie spürte, wie sich Tränen über ihre Wangen schlängelten und auf das Kopfkissen tropften.

Kapitel 7

Gerüchteküche

„Ich dachte, die Morgenstern wäre cool! Pustekuchen!“ Ella vernahm Henriettes Stimme. „Ich hatte das Gefühl, die will überhaupt nichts von uns wissen. Kaum waren wir angekommen, hat sie uns gleich die Bibel in die Hand gedrückt. Und dann so viele Informationen und Fragen auf einmal!“

„Und dass sie uns Hausaufgaben aufgibt, finde ich total bescheuert! Gott sei Dank haben wir die nächste Stunde erst nach den Weihnachtsferien!“

„Genügend Zeit, die Zehn Gebote und drei Abendgebete zu lernen und einen Aufsatz über Weihnachten zu schreiben!“, motzte Lotte.

Ella öffnete die Klotüre, ging zum Waschbecken, wo sie zufällig auf Katharina traf. Sie blickten sich kurz an. Ella hatte das Gefühl, dass sie beide das gleiche dachten. Mit Konradine hatten sie Glück! Dennoch war es Ella unwohl. Die coolen Mädchen auf der einen Seite, die Ella nach wie vor ignorierten, und auf der anderen Seite Katharina, die keiner leiden konnte.

„Lieber eine strenge Tischmutter als eine stinkige Tischoma, die keiner ausstehen kann! Wie war es denn bei der Stinki-Stupinski?“, fragte Henriette.

„Findet ihr nicht, dass es hier muffelt?“, fragte Lotte

die anderen beiden. „Das kommt aus dem Stupinskihaus! Wascht euch mal!“

Ella und Katharina guckten sich verdutzt an, Katharina zog die Augenbrauen hoch und schüttelte den Kopf. „Doofe Ziegen! Die haben auch nur Stroh im Hirn!“ Katharina klang genervt. Ella stimmte ihr mit einem Nicken zu.

„Warum ist Konradine so unbeliebt? Gestern ging Henriettes Mutter an Konradines Haus vorbei und lästerte heftig. Warum? Konradine ist herzensgut und nett.“

Katharina blieb stehen. „Wir leben in einem erzkatholischen Ort. Wer nicht regelmäßig zum Gottesdienst kommt und sich engagiert, der ist gleich abgestempelt. Ich bin mir sicher, die wenigsten kennen Konradine. Sie hören Geschichten, glauben sie und tratschen sie weiter. Konradine ist flippig, das passt nicht zu einer alten Frau.“ Katharina machte eine kurze Pause. „Und es gab vor einigen Jahren einen Streit mit dem Bürgermeister. Worum es ging, weiß ich nicht.“

Ella gingen Katharinas Worte nicht aus dem Kopf. Warum behandelten die Gemeindebürger Konradine so?

Nach der Schule lief Ella zum Hexenhäuschen und betrachtete es eine lange Weile, sie achtete auf jedes Detail und schrieb es in ihr Buch. Sie versuchte sich an einer Skizze, als ein Bellen zu hören war. „Chili“, rief Ella. Der Labrador kam angefetzt, sprang auf sie zu und leckte ihre Hand ab.

Konradine kam aus dem Haus. „Ella! Hallo, wie geht es dir? Hast du was vergessen? Möchtest du reinkommen?“ Konradines Stimme war weich und melodisch. Sie sollte Hörbücher sprechen!

„Oh, ich habe keine Zeit. Mama wartet mit dem Essen auf mich.“ Ella sah zwei Frauen an ihnen vorbeigehen, die abfällig in den Garten blickten. „Mir gefällt dein Garten!“ Ella lächelte Konradine an.

„Das freut mich!“

„Ich muss jetzt!“, sagte Ella, bückte sich zu Chili und gab ihm einen Kuss. „Ich wünsche dir schöne Feiertage und einen guten Rutsch!“

„Das wünsche ich dir auch, Ella! Genieß die Ferien!“

„Und wie! Ich bin zwei Wochen bei meiner Oma Johanna!“ Ella strahlte und ging. Immer wieder drehte sie sich um und winkte Konradine zu.

Kapitel 8

Gemeinschaft

„Ella, Schatz, wie schön, dass du wieder zu Hause bist! Ich habe dich vermisst!“ Mama umarmte sie innig und Papa stellte das Gepäck in Ellas Zimmer. Ella war ein bisschen traurig. Die Zeit bei Oma Johanna war viel zu rasch vergangen. Und bis zum nächsten Besuch mussten noch acht Wochen vergehen!

„Freust du dich kein bisschen, dass du bei uns bist?“, wollte Mama wissen.

„Komm, Ella, lass uns essen. Mama hat Pfannkuchen gebacken.“ Nach dem Essen spielten sie noch ein paar Runden Kniffel.

In ihrem Zimmer packte Ella ihre Geschenke aus dem Koffer. Als sie sich umsah, blieb ihr Blick an einem Brief haften. Ein Brief von Sophie. Ella erkannte das sofort an der Handschrift. Sie riss den Briefumschlag auf und entnahm ihm eine Weihnachtskarte. Ella las von frohen Wünschen zu den Festtagen und zum neuen Jahr, das ihr viel Glück bringen möge. Sophie fragte, wie es ihr gehe. Ella las den Text dreimal. Sie freute sich nicht. Die Worte klangen unpersönlich. Hätte Sophie sie an ein anderes Mädchen geschickt, hätte es auch gepasst. Kein Wort einer Entschuldigung, auf die Ella so hoffte. Trotzdem beschloss sie, Sophie zu antworten.

Zunächst aber widmete sie sich dem Auspacken. Sie hielt eine CD-Box in den Händen. Ein Hörbuch. Das war eines der Geschenke von Oma Johanna. Eine Kinderbibel zum Anhören. Der Sprecher las gut. Und obwohl Ella die CDs schon ein paarmal angehört hatte, legte sie die erste ein. Ihr gefielen die Geschichten vom Alten und vom Neuen Testament. Zu der CD gab es einen Frage- und Antwortblock mit vielen bunten Bildern. Das war eine ideale Vorbereitung für die Quizspiele der kommenden Kommunionstunden. Ella lächelte. Sie würde Chili endlich wiedersehen!

Ella und Oma Johanna vereinte ein enges Vertrauensband. Ella erzählte Oma Johanna alles. Manches musste Ella gar nicht sagen, weil Oma Johanna es ohnehin wusste. „Das liegt am Oma-Gen!“, erklärte sie. Oma Johanna hörte zu und merkte sich alles. Nicht so wie Papa, der nicht einmal Sophie von einem anderen Mädchen unterscheiden konnte.

Ella erzählte Oma von den Gerüchten um Konradine Stupinski, vom Hexenhäuschen, von der ersten Gruppenstunde und von Chili. „Ach, Oma, der ist drollig! Wer so einen süßen Hund hat, kann kein schlechter Mensch sein. Chili fühlt sich wohl bei Konradine und ich mich auch.“

„Das verstehe ich, Ella. Ich finde die Idee des Pfarrers wunderbar. Ältere Menschen wissen oft nichts mit ihrer Zeit anzufangen. Eine solche Aufgabe motiviert und strukturiert den Alltag. Man tut etwas für die Gemeinschaft und für sich selbst. Die Älteren wissen meist viel mehr von der Bibel als die junge Generation. Als ich ein Kind war, gab es sonntags nach der Kirche noch Unterricht beim Herrn Pfarrer. Jeden Sonntag ging ich ausnahmslos in die Kirche“, erinnerte sich Oma Johanna. „Und dabei habe ich viel gelernt. Und deine Konradine auch. Ich bin davon überzeugt, sie schafft das! Ihr werdet mehr lernen als die Gruppe dieser Frau Morgenstern. Und das aus einem Grund: Ihr paukt nicht stupide irgendwelche Sachen, sondern ihr lernt zu verstehen. Es bringt nichts, die Zehn Gebote auswendig zu lernen, wenn ihr deren Inhalt nicht nachvollziehen könnt. Man muss sie erst einmal kindgerecht übersetzen. Ehebrechen wirst du in deinem Alter sicher nicht", lachte Oma.

Ella packte ein Buch ins Regal und dachte an Oma Johannas Worte. Sie hatte recht. Mit Konradine hatte ihre Gruppe das große Los gezogen. Konradine würde es allen zeigen! Ella konnte die erste Stunde nach den Ferien kaum erwarten.

Eddie kam zu spät in die Gruppenstunde. „Eddie, wir fangen um drei Uhr an, nicht um zehn nach drei. Wir haben auf dich gewartet", ermahnte ihn Konradine. Eddie nuschelte eine Entschuldigung.

„Heute spielen wir unser Quiz zum Schluss. Ich bitte euch, von euren Ferien zu erzählen und von euren Weihnachtstagen. Wie habt ihr sie verbracht? Wart ihr im Gottesdienst?"

Reihum erzählte jeder von seinem Weihnachtsfest. Die einen gingen nur am Heiligen Abend in die Christmette, andere an allen Feiertagen in die Messe. Manche Väter lasen vor der Bescherung die Weihnachtsgeschichte vor und alle besangen den Tannenbaum.

„Meine Eltern und ich verbringen Weihnachten immer mit meiner Oma Johanna. Dieses Jahr durfte ich meine Ferien bei Oma verbringen. Mama und Papa fuhren zurück, weil sie arbeiten mussten. Am Heiligen Abend ging ich mit Mama, Papa und Oma in den Kindergottesdienst. Auf dem Weg nach Hause gingen wir einen Umweg über einen Hang. Dort liegt jedes Jahr viel Schnee. Wir machten eine Schneeballschlacht. Oma hat Papa mitten im Gesicht getroffen! Das war lustig! Zu Hause gab es Würstchen mit Kartoffelbrei wie jedes Jahr. Oma Johanna und ich spielten in Mamas Mädchenzimmer, bis es klingelte und das Christkind endlich kam. Ich spielte auf der Flöte Weihnachtslieder. Oma Johanna und Mama sangen, Papa filmte. Ich glaube, er macht das, weil er nicht singen kann. Dann durfte ich meine Geschenke auspacken. Ich habe fast alles gekriegt, was ich mir gewünscht habe."

„Was hast du denn nicht bekommen?", fragt Konradine.

„Ein Geschwisterchen und einen Hund."

Konradine schmunzelt. „Das sind schwierige Geschenke!" Ella nickte.

„Heute will ich mit euch über das Thema Gemeinschaft sprechen. Was bedeutet für euch eine Gemeinschaft?" Konradine blickte als Erstes Eddie an.

„Vertrauen ist wesentlich. Wenn ich den anderen nicht vertrauen kann, fühle ich mich unwohl und will kein Teil der Gemeinschaft werden. Zum Beispiel beim Fußball. Da verlasse ich mich zu hundert Prozent auf die anderen Spieler! Wir vertrauen uns alle gegenseitig. Täten wir das nicht, wäre unsere Mannschaft nicht so gut." Dabei sah Eddie Ella eindringlich an.

„Es ist schwer, jemandem zu vertrauen, wenn das Vertrauen zuvor missbraucht wurde", meinte Ella. Sie funkelte ihn an und kassierte dafür einen bösen Blick.

„Wenn das Vertrauen angeknackst ist, ist das Verzeihen unentbehrlich. Stellt euch vor, wenn sich nach einem Streit keiner mehr versöhnen würde? Die ganze Menschheit wäre zerkracht!", sagte Konradine und sah Ella und Eddie an. „Simon, was ist für dich in einer Gemeinschaft wesentlich?", fragte Konradine.

Simon überlegte kurz. „Man muss den anderen mögen, wie er ist, und jedem eine Chance geben, auch wenn er anders ist."

Katharina nickte zustimmend. „Das ist für viele nicht leicht."

„Ein gemeinsames Ziel ist die Basis!", sagte Naomi. „Im Ballett üben wir als Ensemble eine Choreografie ein. Die Aufführung ist unser gemeinsames Ziel. Sie muss gelingen. Dafür ist jeder einzelne von uns verantwortlich."

„In einer Gemeinschaft hilft der eine dem anderen. Helfen kann jeder überall: in der Schule, zu Hause, im Garten. Das hilft demjenigen, der die Hilfe braucht, und gibt dem anderen ein gutes Gefühl. Ich gehe mit meiner Oma freitags einkaufen und trage die Einkaufstaschen. Meine Oma freut sich, weil ich mir Zeit nehme und sie unterstütze", sagte Alexander im Flüsterton.

„Das ist sehr lieb von dir, Alexander!", sagte Konradine.

Ella fragte sich, ob Konradine Kinder und Enkel hatte. „Bevor wir zum Quiz kommen, will ich euch eine Hausaufgabe geben. Keine Bange, ihr müsst nichts schreiben oder auswendig lernen. Überlegt, wann ihr letztens jemandem eine Freude bereitet oder geholfen habt, und wie ihr das empfunden habt. So wie Alexander es beschrieb. Wenn euch nichts einfällt, fragt euch, was ihr euch vorstellen könntet zu tun." Konradine stand auf. „Ich hole die Karten und ihr teilt euch bitte in zwei Gruppen auf."

„Du warst das letzte Mal mit Katharina in einer Gruppe. Willst unbedingt wieder Sieger werden!", motzte Eddie, als sich Ella Katharina anschließen wollte. Ein Streit war entfacht, bis Alexander zu zählen begann.

„Eins. Zwei. Eins. Zwei. Eins. Zwei. Die Einser spielen gegen die Zweier." Er sprach ein Machtwort. Alle guckten ihn verblüfft an.

„In einer Gemeinschaft wird gemeinschaftlich entschieden und ich will zu Katharina!“, meinte Eddie.

„Meine Güte, du stellst dich an.“ Alexander verdrehte die Augen. „Dann tauschen wir eben.“

Konradine kam mit den Karten zurück. „Wie lange brauchte Gott, die Erde zu erschaffen?“

Katharina klingelte. „Sechs Tage, am siebten Tag ruhte er sich aus!“

Eddie freute sich. „Eins zu null für uns!“

„Und was bedeutet das Wort biblion?“

Ella überlegte. Sie klingelte. „Bibel.“

Konradine verneinte. „Es bedeutet Buch.“

„Wie nennt man den Donnerstag vor Ostern?“

Es klingelte. „Gründonnerstag!“, sagte Ella.

„Wie nennt man den Montag vor Aschermittwoch?“

„Rosenmontag.“ Ella hatte zwei Punkte geholt. Noch sechs Fragen.

„Wann feiern wir Allerheiligen?“

Alexander wusste es: „Am 1. November.“

„Was macht man an Fronleichnam?“

Alle grübelten. Katharina klingelte. „Die Pfarrgemeinde zieht gemeinsam durch den Ort.“

Konradine nickte. „Das nennt man Prozession. Der Priester trägt die geweihte Hostie als Zeichen, dass Gott mitten unter uns ist.“

„Der Sonntag vor Ostern ist der ...“

„Palmsonntag.“

„Was bedeutet das Wort Advent?“

„Stille.“

„Ruhe.“

„Diese Begriffe verbindet man zwar mit der Adventszeit, aber das Wort Advent stammt vom lateinischen Wort adventus ab. Das bedeutet Ankunft. Die Gläubigen bereiten sich in dieser Zeit auf die Ankunft Jesu vor“, erklärte

Konradine. „Nun zur letzten, entscheidenden Frage: Einer Legende nach hat Jesus auf seinem Leidensweg von einer Frau ein Tuch bekommen, um sich seinen Schweiß abzuwischen. Wie hieß diese Frau? Das ist eine schwierige Frage."

Ella dachte an den Gottesdienst bei Oma Johanna. Der Pfarrer hatte doch die Geschichte erzählt. Wie hieß die Frau? Ella überlegte fieberhaft.

Katharina klingelte. „Magdalena."

Ella war sich sicher, dass das nicht stimmte. „Nein!", rief sie. „Sie hieß Veronika!"

Ella, Naomi und Alexander freuten sich über ihren Sieg. Eddie zog einen Flunsch. „Ist doch nur ein Spiel!", meinte Simon. „Es ist egal, wer gewinnt. Wir hatten Spaß!"

Konradine nickte. „Und gelernt habt ihr einiges!"

Als Ella sich von Chili verabschiedete, waren die anderen schon durch das Gartentor hinaus. „Ella, wenn du magst, darfst du gerne öfters kommen und mit Chili spielen und spazieren gehen. Er ist noch klein und so verspielt! Er mag dich!"

Ellas Herz raste vor Glück. „Ehrlich?" Ella fiel Konradine um den Hals. „Damit erfüllst du mir meinen zweitgrößten Wunsch! Danke! Danke! Danke!"

Kapitel 9

Coole Konradine

Gleich am nächsten Tag wollte Ella mit Chili Gassi gehen. Als Chili Ella erblickte, raste er auf sie zu und begrüßte sie stürmisch. „Chili, mein Kleiner, ich freu mich auch, dich zu sehen. Hast du Lust, mit mir durch den Schnee zu tollen?" Ella streichelte seinen Kopf.

„Viel Spaß, ihr beiden!", rief ihnen Konradine noch hinterher.

Ella lief mit Chili zum Schlittenberg. Sie zog eine Plastiktüte aus ihrer Jackentasche und düste damit den Hang hinab. Chili fetzte neben ihr her. Unten angekommen tollten sie erst im Schnee, bevor es zur nächsten Runde kam. Zwanzig Abfahrten rutschten sie. Das war spaßig!

Auf dem Nachhauseweg sah Ella Alexander mit seiner Großmutter. Ella fiel die Hausaufgabe ein. Wann hatte sie zum letzten Mal Gutes getan? Und was bedeutete das überhaupt, Gutes zu tun oder ein guter Mensch zu sein? Oma Johanna gebrauchte diesen Ausdruck häufig: Man solle ein guter Mensch sein.

Ella überlegte. Ärzte waren gute Menschen. Die machten kranke Leute gesund. Oder die Bäcker. Die buken nachts frisches Brot, damit keiner verhungerte. Die Feuerwehr. Die Sanitäter. Sie alle vollbrachten tagtäglich gute Taten. Aber an sich selbst entdeckte Ella keine gute Tat. Es waren nur noch ein paar Tage bis zur nächsten Gruppenstunde. Bis dahin sollte sie eine gute Tat vollbracht haben!

„Bist du nicht in der Gruppe von der durchgeknallten Stupinski?“ Eine Frau blickte arrogant durch ihre Brillengläser und rümpfte die spitze, lange Nase. Ella nickte. „Und, wie ist sie so als Tischmu... Tischoma?“, piepste die Stimme.

„Perfekt!“, sagte Ella knapp.

„Soso. Zum Lügen verführt sie euch arme Kinder schon!“, schnatterte sie.

„Das tut sie nicht! Ihr Unterricht ist klasse! Wir lernen viel und wissen bestimmt mehr als die anderen!“ Ella bemerkte, wie sich der Deckel ihres Wuttopfes in ihrem Bauch hob. Was für eine Frechheit!

„So weit ist es schon gekommen! Sie hat dich um den Finger gewickelt, diese Hexe.“

Ella schnaubte und wollte der unverschämten Frau einen Vogel zeigen. Oma Johanna sagte immer, man müsse auch in heiklen Situationen Ruhe bewahren. Ella versuchte es, obwohl es ihr sichtlich schwerfiel. „Konradine ist die beste Tischoma der Welt!“, sagte Ella ruhig.

Die Frau sah sie wutentbrannt an, sagte aber nichts mehr. Und weil Chili nicht mehr aufhörte zu knurren, ging die Frau endlich. Ella blickte ihr hinterher, wie sie über den Schnee stöckelte. „Eingebildete Ziege!“

Warum war Konradine so unbeliebt? Hing es mit dem Streit mit dem Bürgermeister zusammen? Oder daran, weil Konradine anders war und das tat, woran sie glaubte? „Komm, Chili, Konradine wartet auf uns!“

War es eine gute Tat, Konradine zu verteidigen? Oder mit Chili Gassi zu gehen? Ella war überzeugt, dass diese Taten dafür nicht ausreichten. Sie brauchte eine super Tat! „Ach, Chili, es war schön mit dir!“ Ella umarmte ihn herzlich.

Von nun an ging Ella fast täglich zu Konradine, um mit Chili spazieren zu gehen. Sie vertraute ihm ihre Sorgen an, erzählte von der Schule, den coolen Mädchen, von Eddie und Katharina. Ella fühlte, dass der Labrador sie verstand. War sie traurig, schmiegte er sich an sie und schleckte ihre Hand ab. War sie glücklich, hatten sie die tollsten Nachmittage.

„Ist das, was ich denke, dass es ist?“, fragte Simon erstaunt, als er in Konradines Wohnzimmer einen Laptop entdeckte.

Alexander stellte sich neben ihn. „Der ist funkelnagelneu!“

Ella schmunzelte. Für was brauchte Konradine einen Laptop? Oma Johanna hatte auch keinen. Obwohl Ella es schräg fände: Sie könnte Oma Johanna Fotos mailen, von sich und Chili, Mama und Papa. Oma Johanna müsste nicht mehr auf Post warten. Oma Johanna liebte es, zwischen ihren Rechnungen einen Brief zu finden. Ellas Briefe bewahrte sie in einer kleinen Holzkiste auf, die ihr ihre Oma einst geschenkt hatte.

Die Kinder bemerkten nicht, dass Konradine hinter ihnen stand. „Da staunt ihr!“ Stolz tätschelte sie ihren Laptop. „Darf ich vorstellen. Das ist Alberich.“ Sie gab ihrem Laptop einen Namen? Das war in der Tat durchgeknallt.

„Alberich?“, sagte Ella verdutzt. „Warum Alberich?“

„Und für was brauchst du ihn?“, fragte Simon.

„Ich weiß jetzt, wer Lady Gaga ist! Und angehört habe ich sie mir auf ... Wie heißt es doch gleich? Juuhtjuub.“

Ellas Kinnlade klappte nach unten. Sie konnte nicht glauben, welche Worte soeben aus Konradines Mund gepurzelt waren. „Dieses Internet ist phänomenal! Da gibt es alles! Ich habe mir heute meine Wunschschokolade zusammen-

gestellt. Morgen kommt sie schon! Ist das nicht herrlich?"
Simon blickte sie an wie der ungläubige Thomas. „Wie hast du das gemacht?"

Konradine lächelte. „Ich bin mit dem Bus in die Stadt gefahren und habe mich in einem Elektrofachmarkt erkundigt. Der junge Mann hatte sich bereit erklärt, mir den Umgang mit diesem *Läbtopf* zu zeigen."

Simon lachte. *„Läptop."*

„Läbtopf, sag ich doch."

„Nein, ohne f und mit p statt b", erklärte Simon.

„L-ä-p-t-o-p."

Simon nickte zufrieden.

„Wieso Alberich?", fragte Ella erneut.

„In meiner Klasse gab es einen Jungen. Er hieß Alberich und war wahnsinnig schlau. Er studierte und ist sogar Professor für Techniksachen. Das Internet weiß bestimmt noch mehr als mein Alberich." Sie tätschelte Alberich erneut. „Los, Kinder! Wir müssen anfangen."

Ella wunderte sich. „Gibt's heute kein Gebet zu Beginn?"

Konradine schüttelte den Kopf. „Die heutige Stunde beginnen wir mit einer Frage, oder zwei. Die Antworten werden unterschiedlich ausfallen. Und weil es keine falschen gibt und sich keiner wegen seiner Antworten schämen sollte, werdet ihr eure Gedanken zu diesen Fragen aufschreiben." Konradine hob ein grünes Blatt hoch. Auf dem stand: *Wie stellt ihr euch Gott vor?* Sie legte das Blatt in die Mitte und verteilte weitere grüne Blätter. „Wenn ihr keine Worte findet, dürft ihr Gott gerne malen."

Ella las die Frage immer und immer wieder, während Simon schon fleißig malte und Katharina einen Aufsatz verfasst hatte. Ella hatte noch nie darüber nachgedacht, wie Gott aussehen könnte. Wie Jesus, nur älter? Mit einem weißen Bart? Welche Kleidung trug er? Eine Robe, einen Anzug, einen Kittel? So viele Fragen und keine Antworten! Ella starrte aus dem Fenster. Mit Gott konnte sie über alles reden. Er hörte stets zu. Ein echter Freund eben. Weil Gott alt war und weil Gott ein Mann war, entschied sich Ella für das Bild eines Opas. Diese Gedanken schrieb sie nieder.

Als Ella den Stift beiseitelegte, stellten sie reihum „ihren“ Gott vor. Ella fing an. Sie las ihren Text vor. „Ich glaube, er ist alt und weise, aber nicht tattrig. Er kann gut zuhören und gute Ratschläge geben.“

Katharina war an der Reihe. „Für mich ist Gott ein Allroundtalent.“

Konradine unterbrach sie. „Ein Ollwas?“

„Ein Alleskönner. Er hat den Menschen, die Tiere, die Natur, die Welt erschaffen. Er ist sehr klug.“

Alexander fiel ihr ins Wort. „Wenn er alles kann, warum gibt es arme Menschen und Krankheiten? Ich weiß nicht, wie ich mir Gott vorstellen soll. Er hat die Welt erschaffen. Das war bestimmt eine kniffelige Aufgabe. Wenn er so genial ist, warum kann er Armut, Hunger und Krankheiten nicht aus der Welt verbannen?“ Darauf wusste niemand eine Antwort.

„Mit der Zeit ist die Welt gewachsen. Gott bräuchte ein paar Helfer mehr, damit er alles stemmen kann“, meinte Naomi. „Ich stelle mir Gott vor wie den Intendanten eines Theaters. Er hält die Fäden in der Hand, versucht, alles zu managen. Aber er muss sich auf jeden einzelnen Spieler verlassen können. Nur dann wird ein Stück ein Erfolg.“

„Womit wir bei unserem ursprünglichen Thema Gemeinschaft wären“, meinte Konradine. „Eddie, wie stellst du dir Gott vor?“

Eddie grinste. „Wie einen Fußballtrainer. Ein Trainer legt fest, wer als Stürmer, Verteidiger oder Torwart infrage kommt. Der Trainer kennt seine Spieler." Konradine blickte ihn fragend an. Eddie ergänzte: „Jeder kann nicht alles können. Der eine rennt schneller, der andere kann Bälle besser halten. Jeder hat starke und schwache Seiten. Der Trainer versucht, die guten Seiten eines Spielers einzusetzen und die schlechten zu fördern. Gott als Fußballtrainer sorgt dafür, dass wir unser Leben gut spielen."

„Das ist klug, Eddie", sagte Konradine. „Du hast ein Bild gemalt, Simon? Magst du es uns zeigen?"

Simon nickte und hielt sein Bild hoch. Ella erkannte eine Figur, aber nichts passte so recht zusammen. „Gott ist ein Wolpertinger!", sagte er.

„Das verstehe ich nicht. Magst du es uns erklären?", bat Konradine.

„Der Kopf ist ein Fuchs, weil Gott schlau ist. Er hat die Welt erschaffen! Das soll ihm erst einmal jemand nachmachen! Sein Oberkörper ist ein Herz, weil er ein großes Herz für alle hat. Er liebt alle Menschen, so wie er sie erschaffen hat, vergleicht sie nicht mit anderen und unterscheidet nicht zwischen Mann und Frau, Kindern und Erwachsenen. Gott verzeiht den Menschen, wenn sie Fehler machen. Er hört ihnen zu. Seine Beine und Arme sind die eines Bodybuilders. Gott ist stark und braucht viel Kraft, um auf seine enorm große Herde aufzupassen. Den bunten Hut trägt er, weil ich glaube, dass Gott auch witzig sein kann. So wie ich."

„Ihr seht, jeder hat von Gott eine andere Vorstellung. Die zweite Frage schaffen wir heute nicht mehr. Sie wird eure Hausaufgabe. Die Frage lautet: Was würdet ihr Gott anvertrauen?"

Konradine verteilte gelbe Zettel und die Kinder schrieben die Frage auf. „Ich würde ihm von Eddie erzählen und ihn bitten, dass er sich endlich bei mir entschuldigt!", dachte Ella.

„Konradine, darf ich dich etwas Persönliches fragen?“, sagte Simon. Konradine nickte. „Wer ist die Frau auf dem Foto, das du die ganze Zeit angestarrt hast, als wir schrieben?“

„Das ist Walburga. Wir haben uns vor Jahren ziemlich gestritten und seitdem haben wir keinen Kontakt mehr.“

Ella dachte unmittelbar an Sophie und Eddie. Würden sie sich nie wieder vertragen? Ellas Magen verkrampfte sich.

„Warum habt ihr gestritten?“, wollte Simon wissen.

„Ehrlich gesagt ich weiß es nicht mehr. Wahrscheinlich wegen einer Kleinigkeit, wegen nichts, was es wert wäre, eine jahrelange Freundschaft aufzugeben. Jetzt ist es zu spät!“

„Hast du versucht, sie anzurufen oder ihr zu schreiben?“ Konradine verneinte. „Von nichts kommt nichts“, meinte Alexander.

„Stimmt! Rufe sie an! Vielleicht ist alles ein Missverständnis. Redet miteinander! Das ist ganz einfach! Hast du ihre Nummer?“

Konradine lächelte und zog gleichzeitig die Augenbraue hoch. „Wenn das so einfach ist, wie du sagst, Ella, warum redet ihr, du und Eddie, nicht endlich miteinander und schlichtet euren Streit?“ Ellas Gesichtsfarbe wurde schlagartig dunkelrot. „Am besten ihr beide geht in den Wintergarten und sprecht euch aus. Und wir spielen derweilen eine Quizrunde.“

Ella und Eddie gingen mit grimmiger Miene nach draußen und schwiegen sich an. Auf Kommando geht es eben doch nicht.

Kapitel 10

Eine gute Tat

Herr Rothbarth schloss die Türe hinter sich und begrüßte Ellas Klasse. Wie üblich zu Beginn der Religionsstunde, sprach er ein Gebet mit der Klasse. Nur während der Weihnachtszeit war es anders. Da wurde am Anfang der Stunde gesungen. Als sie mit dem Singen fertig waren, fuhr er nicht mit dem Unterricht oder Ausfragen fort, sondern erkundigte sich nach dem Verlauf des Kommunionunterrichts. Jede Gruppe sollte kurz berichten.

Ein Mädchen aus der Meiergruppe fing an. „Alles in allem bin ich mit Herrn Meier zufrieden. Manche Stunden sind langweilig. Wir könnten malen oder basteln."

Ein anderer Junge meldete sich. „Bloß nicht. Ich bin froh, dass ich diesen Quatsch nicht machen muss! Wir haben schon viel gelernt, und er sagt, wir seien gut in der Zeit und eine tolle Gruppe."

„Vielen Dank, ihr beiden." Herr Rothbarth guckte Lotte an, die sogleich zu schimpfen begann.

„Frau Morgenstern hat in der ersten Stunde das volle Programm durchgezogen. Sie gibt viele Hausaufgaben auf und wer sie nicht gründlich macht, der bekommt eine Strafaufgabe. Zu jeder Stunde müssen wir ein neues Gebet lernen, damit wir mehr wissen und kennen als die anderen Gruppen."

Henriette nickte zustimmend. „Als träten wir zu einem Wettbewerb an! Als wir mit ihr darüber sprechen wollten, hörte sie uns nicht zu. Überhaupt interessiert sie sich nicht für uns. Wir ziehen den Stoff durch und jeder ist froh, wenn der Unterricht vorbei ist. Es macht keinen Spaß. Dabei haben andere so von ihr geschwärmt!"

„Man soll halt nie viel auf das Gerede von anderen geben!", meinte Ella trocken.

„Ihr übertreibt beide!", sagte Fabian. „Warum gibt sie uns Hausaufgaben auf? Weil ihr gackernden Hennen ständig den Unterricht stört! Sie hat euch so oft gebeten, leise zu sein. Aber euch ist das egal."

Lotte schwieg, Henriettes Gesicht verfärbte sich purpurrot. Als sie ihr Mäppchen auf ihn schmeißen wollte, hielt Helena sie davon ab. Herr Rothbarth ermahnte sie und machte sich Notizen.

„Bei der ollen Stupinski ist es am schlimmsten, soweit ich weiß! " Lotte startete einen Ablenkungsversuch, der prompt gelang.

Ella spürte, wie sich ihre Wut erneut in ihr breitmachte. Sie funkelte Lotte an und wollte schon etwas sagen, aber Katharina kam ihr zuvor. „Was du nicht alles weißt! Warst du dabei? Kann ich bitte den Namen deiner Kontaktperson haben, damit ich Nachforschungen anstellen kann?" In Katharinas Stimme lag kein bisschen Unsicherheit.

Sie wandte sich an den Lehrer und die anderen Schüler. „In der ersten Stunde haben wir uns einander vorgestellt. Konradine kannte keinen von uns, und wir sie auch nicht. Lediglich die Gerüchte, die in diesem Ort gekocht werden." Ihr Blick fiel auf Lotte und Henriette. Wieder zu den anderen gewandt berichtete Katharina weiter. „Wir haben Kuchen gegessen und Kakao getrunken und jeder hat von sich erzählt."

„Na, viel gab es da nicht zu erzählen bei dem langweiligen Haufen!", stichelte Lotte. Herr Rothbarth ermahnte sie. Endlich hielt sie den Mund.

„Wir spielen in jeder Stunde ein Quiz. Es sind Fragen rund um die Kommunion. Auf diese Weise lernen wir viel. Und es macht Spaß!"

„In der letzten Stunde haben wir gemalt und geschrieben. Konradine wollte wissen, wie wir uns Gott vorstellten, das war sehr spannend und lustig", sagte Simon. „Sie hat sich einen Laptop gekauft, um manche Dinge nachzuschauen, die sie nicht kennt. Das ist doch verdammt cool!"

„Simon, achte bitte mehr auf deine Wortwahl!", sagte Herr Rothbarth. „Ich bin überrascht und glücklich zugleich, dass es euch bei Frau Stupinski gefällt!"

„Ja, Konradine ist spitze! Wir dürfen sie sogar duzen!" In Ellas Stimme schwangen Stolz und vielleicht ein kleiner Hauch Schadenfreude mit.

„Herr Rothbarth! Das ist alles erstunken und erlogen! Niemals würde sich die Stupinski so verhalten. Und überhaupt hat die keine Ahnung von nichts. Das sagt meine Mutter." Lottes Wangen röteten sich. Das gefiel Ella. Lotte war nicht mehr zu bremsen. „Und wie der Garten und das Haus aussehen! So kann man nicht leben!"

„Dann biete dich an, ihr im Frühjahr mit dem Garten zu helfen! Soll eine alte Frau das alleine schaffen?", schlug Ella Lotte vor.

„Ich bin nicht lebensmüde! Das kannst du schon schön brav selbst machen!"

Da hatte Lotte recht! Ella strahlte. Lotte hatte ihr soeben ihre gute Tat auf dem Tablett serviert! Ella konnte für den Rest der Stunde kaum noch ruhig auf dem Stuhl sitzen bleiben. Nach der Schule musste sie sofort Oma Johanna anrufen und sie über Gartenpflege ausquetschen.

Kapitel 11

Einladung mit Hindernissen

„Ella, möchtest du ein paar Mädchen aus deiner Klasse einladen?" Ella biss in ihre Brezel und verschluckte sich. Eine Party? Zu Hause? Mit wem? „Ich backe zehn verschiedene Muffinsorten, es gibt Kinderbowle und abends Pizza, so wie früher!"

Ella biss erneut in ihre Brezel, um nicht antworten zu müssen. Wie früher. Früher war alles anders. Früher hatte sie Freundinnen. Glaubte sie zumindest.

„Ella?"

Sie blickte Mama an. „Okay." Ella wollte NEIN schreien. Aber Mama konnte nichts dafür, dass sie keine Freunde fand. Und es war lieb gemeint.

„Wie viele Mädchen kommen? Welche Muffins backe ich? Auf jeden Fall Frischkäse-Heidelbeere!" Mama nahm sich Stift und Block und notierte diverse Muffinsorten. „Gibt es Vegetarier in deiner Klasse? Oder Kinder mit Allergien?" Ella zuckte mit den Schultern. „Ich lasse Nüsse weg", entschied Mama. „Und Pizzen backe ich drei. Da ist für jeden etwas dabei!"

Auf dem Schulweg überlegte Ella, wen sie einladen sollte. Zu ihrer Überraschung fiel ihr als erste Katharina ein. Dann Eddie. Die beiden könnte sie auf jeden Fall fragen. Vielleicht hob die Einladung die Stimmung zwischen ihr und Eddie. Dieser Gedanke machte die Spontanparty zu einer guten Sache. Mamas Muffins brachen das Eis!

„Guten Morgen, Ella!“ Katharina lächelte sie an.

„Hi!“ Frag jetzt, Ella! Frag jetzt! „Ich gebe am Freitag eine Party. Hast du Lust zu kommen?“

Katharina strahlte. „Sehr gerne!“

Geschafft.

In der Pause erwischte sie Eddie ohne seine Freunde! Was für ein Glück! „Eddie, ich würde dich gerne am Freitag zu meiner Party einladen!“ Nervös presste Ella die Lippen aufeinander.

„Okay.“ Begeisterung klang anders. Immerhin lehnte Eddie nicht gleich ab!

„Super! Bis dann.“

Ella wollte Helena gerne einladen. Sie war anders. Das spürte Ella. Helena würde ohne Lotte und Henriette nicht kommen. Die fiesen Worte Lottes über Konradine ließen Ella zögern.

Bis zur Zwischenstunde wog Ella ab, ob sie nur Helena einlud oder alle drei. Ella war sicher, dass Helena nie ohne Lotte und Henriette käme. Sie musste also alle drei einladen. Ella schritt auf die coolen Mädchen zu, die am Fenster standen und tuschelten. Selbstbewusst sprach sie ihre Einladung aus. Die coolen Mädchen tauschten Blicke aus, die Ella nicht zu deuten wusste.

„Wen hast du noch eingeladen?“, fragte Lotte.

„Bisher nur Eddie.“ Helena stieß einen Quiekser aus. „Und Katharina“, meinte Ella. Henriettes Miene verfinsterte sich.

„Katharina?“, fragte Lotte empört. „Hast du einen an der Klatsche? Du lädst den Strebermops ein?“ Lotte schüttelte den Kopf. „Wir wären gerne gekommen“, säuselte sie.

„Aber unter diesen Umständen kommen wir nicht. Wir haben einen Ruf zu verlieren.“ Lotte nickte den anderen beiden zu. Sie ließen Ella stehen.

Ella verstand die Welt nicht mehr. Was sollte sie tun? Das Fest absagen? Naomi fragen? Nach kurzem Überlegen verwarf Ella diese beiden Ideen. Sollte sie Katharina wieder ausladen?

Auf dem Nachhauseweg versank Ella in ihren Gedanken. Einer stieß auf eines der Zehn Gebote: *Du sollst deinen Nächsten lieben.* Konradine hatte dazu eine Geschichte vorgelesen. Es ging um ein Mädchen, das seinen Bruder überhaupt nicht leiden konnte, weil er stets von den Eltern bevorzugt wurde. Diesen Zorn ließ sie ihn spüren. Der Junge ließ es über sich ergehen. Eines Tages brauchte das Mädchen die Hilfe ihres Bruders, die er ihr verwehrte. Ihr wurde klar, warum er so handelte: Er behandelte sie so wie sie ihn. Immerfort abweisend. Nach dieser Einsicht entschuldigte sich das Mädchen und die beiden versöhnten sich.

Ella blieb abrupt stehen. Sie ging mit Katharina grob um. Dabei war Katharina stets freundlich zu ihr. Wie reagierte Ella, benähme sich Katharina ihr gegenüber so? Ella konnte Katharina nicht ausladen.

Kapitel 12

Konradine auf Facebook

Ella freute sich auf jede Gruppenstunde. Obwohl jeder von ihnen eigen war, seine Macken hatte, waren sie zu einer kleinen Gemeinschaft herangereift. Sie verstanden sich in der Gruppenstunde und saßen auch öfters in den Pausen zusammen.

Konradine überraschte die Kinder jede Stunde mit Leckereien. „Ihr seid meine Versuchskaninchen!“, sagte sie, wenn sie im Internet ein neues Rezept fand, das sie unbedingt ausprobieren wollte. Das Internet hatte es ihr angetan. Jeden Tag surfte sie und recherchierte nach Gebeten, Liedern und Geschichten für ihren Unterricht. Das Netz war für Konradine auch eine Art Übersetzer und Lexikon. Wenn Eddie von „Abseits“ sprach, schaute Konradine nach der Gruppenstunde nach, was es bedeutete, um mitreden zu können.

Die Kinder saßen in Konradines Wohnzimmer und diskutierten über Gott. Wann begegnete einem Gott? Wenn man die Kommunion empfing und endlich im Gottesdienst nach vorne durfte und eine Hostie bekam? Musste man jeden Sonntag in die Kirche gehen, um Gott nah zu sein? Und wie sollte Gott es schaffen, jeden Menschen zu führen und allen den richtigen Weg zu weisen? Wie ging er mit seinen schwarzen Schafen um? Die brauchten ihn mehr als die anderen!

„Darauf gibt es nicht die eine richtige Antwort", erklärte Konradine. „Das ist bei jedem anders."

Ella nickte zustimmend. „Ich habe das Gefühl, Gott begegnet mir in meinen Gedanken und ab und zu schubst er sie an, damit ich richtig weiterdenke", äußerte Ella.

„Ich war in der Kirche und habe gebetet." Alexander sah Konradine an. „Ich habe Gott gefragt, ob ich dich bei Facebook anmelden sollte, damit du deine Freundin findest. Augenblicklich blies ein Windstoß eine Kerze aus. So hat Gott JA gesagt! Konradine, wo ist Alberich? Wir melden dich gleich an!"

Konradine zögerte. „Ich weiß nicht. Man hört über dieses *Fässbuck* nur Schlechtes."

Alexander winkte ab. „Du musst nicht dein Leben preisgeben. Nur die Fakten, damit Walburga dich findet. Ein Foto wäre gut. Eines von euch beiden!"

Die Kinder waren hellauf begeistert. „Das machen wir." Konradine hingegen zweifelte.

„Vertrau mir!", sagte Alexander. „Ich schreibe nichts rein, was du nicht willst. Das ist ungefährlich!"

Konradine holte Alberich hervor.

„Fertig!", sagte Alexander. Konradine war begeistert. „Das Foto scanne ich ein, schicke es dir und du stellst es ein. Oder ich mache es in der nächsten Gruppenstunde."

Konradine sah verblüfft auf den Laptop. „Ich kann das nicht glauben. Was es heutzutage nicht alles gibt!" Sie zog die Quizkarten heraus. „Ein paar Fragen gibt es noch!"

Schnell waren zwei Gruppen gebildet. Ella war in derselben Gruppe wie Eddie. Aber irgendwie war er heute komisch.

„Los geht's! Heute geht es um christliche Wi-Ei-Piiees und Schutzheilige. Welcher Schutzpatron war der heilige Florian?"

„Von den Feuerwehrleuten!“, rief Ella. Sie erinnerte sich an einen Spruch von Oma Johanna. „Oh heiliger Sankt Florian, verschon mein Haus, zünd andere an. Und ich glaube, auf dem Heiligenbild ist er mit einem Wasserkübel abgebildet.“

„Sehr gut Ella!“, lobte Konradine. Ella freute sich, weil sie einen Punkt geholt hatte. Sie und Alexander klatschten sich ab. Eddie schien sich nicht zu freuen.

„Wer war Sylvester?“

Simon grinste. „Das ist Stallone. Der lebt noch.“ Alle lachten, auch wenn Simons Gruppe nun die Antwortmöglichkeit an die andere Gruppe abgeben musste.

„Ein Pfarrer“, überlegte Ella still. „Aber der müsste schon etwas Besonderes geleistet haben, dass man sich heute noch an ihn erinnert. Also kein Pfarrer.“ Ella blickte Alexander an und zuckte mit den Schultern. „Keine Ahnung.“

„Er war Papst. Er starb am 31.12.335 in Rom. Deswegen ist der letzte Tag des Jahres nach ihm benannt.“ Konradine stellte die nächste Frage. „Wer ist der Beschützer der Jäger? Hans, Hubertus oder Heinrich?“

„Heinrich!“, rief Katharina.

„Hubertus!“, sagte Simon.

„Ihr müsst euch einig sein!“, sagte Konradine.

Simon beharrte auf seinem Hubertus. „Nein, glaub mir, der ist es.“ Katharina schüttelte den Kopf. „Vertrau mir! Mein Onkel ist Jäger und der beschwört immer den heiligen Hubertus!“ Katharina willigte widerwillig ein. Zum Glück.

Als die Stunde zu Ende war, hielt Eddie Ella kurz zurück. „Ich komme nicht zu deiner Feier. Meine Oma besucht uns und ich freu mich schon sehr auf sie. Tut mir leid!“

Ella nickte und lächelte. Sie würde auch alles absagen, wenn ihre Oma zu Besuch käme! Warum sah ihr Eddie dabei nicht in die Augen? Er log sie doch nicht an, oder? Ella schüttelte den Kopf. Nein! Er würde doch nicht gegen eines der Zehn Gebote verstoßen!

Kapitel 13

Böses Erwachen

Ella wollte Helena gerne auf ihrer Party dabeihaben. Auch wenn dies bedeutete, dass sie Lotte und Henriette auch einladen musste. „Hi!“, grüßte Ella schüchtern. Helena drehte sich um. „Ich, äh, wollte euch daran erinnern, dass morgen meine Party ist und dass ich mich freuen würde, wenn ihr kommt!“ Ella sah die anderen zwei nicht an, sondern wartete auf eine Antwort von Helena.

Die wiederum wandte sich an Lotte. Zuckersüß lächelte Lotte Ella an. „Oh! Wir kommen gerne! Nicht wahr, Mädels?“ Henriette und Helena nickten zustimmend.

Perfekt. Ella überlegte, ob sie nicht auch noch ihre Kommuniongruppe einladen sollte. Aber es schien ihr dann ein zu bunter Haufen zu werden. Und Mama wollte ohnehin nur eine kleine Party. „Ein großes Fest machst du an deinem Geburtstag im Sommer!“ Eine grundlose Party wäre früher undenkbar gewesen. Aber im Moment bemühten sich Mama und Papa sehr.

Sogar der Besuch im Zoo hatte geklappt. Es war schön gewesen! Weil Mama müde war, hatte Papa seine Damen ins Café eingeladen und Ella durfte sich ihren Lieblingskuchen bestellen: Apfelstrudel mit zwei Kugeln Vanilleeis.

Mama hatte alles für die Party hergerichtet. In der Küche hingen Luftschlangen, bunte Tierballons und CDs lagen bereit. Die Muffins dufteten herrlich und sogar an Chips hatte Mama gedacht. Die Pizza war im Ofen und musste nur noch gebacken werden.

„Danke, Mama!“ Ella umarmte sie herzlich. „Alles okay, Mama? Du siehst so blass aus?“

Mama nickte. „Ich bin nur ein wenig müde. Ich gehe jetzt ein wenig spazieren und dann zum Einkaufen. Ist das okay? Oder soll ich hierbleiben? Ich warte auf jeden Fall noch, bis deine erste Freundin kommt.“

Ella nickte. „He, ich bin ein großes Mädchen!“

Mama umarmte sie. „Das bist du wirklich!“

Es klingelte.

„Hi! Komm herein!“ Ella ließ Katharina eintreten. „Mama, das ist Katharina aus meiner Klasse und aus der Kommuniongruppe!“ Mama begrüßte sie herzlich. Das Funkeln in Mamas Augen verriet Ella, dass sie Katharina sympathisch fand.

„Das ist für Sie, Frau Munte. Vielen Dank für die Einladung!“ Katharina überreichte ihr ein paar Blumen.

Mama war entzückt. „Oh, das ist nett. Danke!“ Mama stellte die Gerbera, Mamas absolute Lieblingsblumen, ins Wasser. Dann schloss sie die Türe hinter sich.

Ella und Katharina saßen in der Küche. Ella legte eine CD ein. „Deine Mama hat sich viel Arbeit gemacht!“ Katharina bestaunte die diversen Muffins.

„Ich durfte nicht helfen!“, meinte Ella mit einem Blick auf die Uhr.

„Sie kommen gleich!“, versuchte Katharina, Ella zu beruhigen. „Ich freu mich auf die nächste Stunde bei Konradine! Sie ist echt der Hammer! Und wenn man den anderen so zuhört, haben wir wirklich das goldene Los gezogen!“

Ella grinste. „Stimmt. Das hätte Konradine keiner zugetraut!“ Ella lugte erneut auf die Uhr. Schon zwanzig Minuten. „Wenn sie nicht bald kommen, fangen wir ohne sie an!“, beschloss Ella.

Zehn Minuten später kaute Ella ein wenig an einem Muffin. Der Appetit und überhaupt die Lust auf diese Party waren ihr vergangen. Wer nach über einer halben Stunde nicht da war, kam nicht mehr. Nicht einmal abgesagt hatten sie! Das war doch kein Verhalten. Ella schluckte. „Jetzt bloß nicht heulen, Ella Munte! Du hast Besuch! Mama, bitte komm nach Hause!“ Ella fühlte sich schrecklich unwohl.

„Bereust du es, dass du mich eingeladen hast? Lotte und die anderen wären sicher gekommen, wenn du mich nicht eingeladen hättest.“

Entsetzt blickte Ella Katharina an. Woher wusste sie das? Konnte sie Gedanken lesen. „Spinnst du?“ Ellas Stimme klang barsch. „Wenn ich dich nicht hätte einladen wollen, hätte ich das nicht getan! Und jetzt lass mich in Ruhe!“ Ella kämpfte mit den Tränen.

Traurig ging Katharina. In diesem Moment kam Mama heim. „Du gehst schon?“, fragte Mama überrascht. Katharina nickte und verabschiedete sich wortkarg. „Ella, was ist passiert?“ Ella schüttelte heftig den Kopf, rannte in ihr Zimmer und warf sich auf das Bett. Mama folgte ihr, setzte sich auf die Bettkante. „Ella, willst du mir nicht erzählen, was passiert ist?“

Ella winselte. „Geh weg!“

Später klopfte sie an Ellas Zimmertüre. „Papa ist da, Ella! Wir wollen zu Abend essen. Kommst du bitte?“

Ella atmete tief ein und stieß die Luft langsam wieder aus, setzte sich auf. Sie ging in die Küche, begrüßte Papa mit einem Kuss auf die Wange.

„Warum bist du traurig, mein Mäuschen?“ Papa strich ihr sanft über die Wange.

„Magst du jetzt erzählen, was los ist?“, fragte Mama.

Ella schüttelte den Kopf und sie merkte, wie ihr beim Gedanken an ihre misslungene Party Tränen in die Augen steigen wollten. Aber die presste sie ganz fest nach unten.

„Ella, du kannst uns alles erzählen!“, meinte Mama.

Papa nahm Mamas Hand. „Lass gut sein, Anna. Ella will jetzt nicht darüber sprechen, das sollten wir akzeptieren.“

Danke Papa! Ella war erleichtert.

Papa erzählte von seinem Arbeitstag. Wie viele Tiere heute in der Praxis waren und dass er sogar einen Papagei mit einem Schnupfen behandelt hatte.

„Papageien können Schnupfen haben?“, fragte Ella erstaunt.

„Ja, der Papagei sagte immer hatschi!“ Ella quiekte los. Papa wusste einfach, wie man sie zum Lachen brachte.

„Ella?“ Oje! Das klang nach: „Ellaaaaaaaaaaaaa, ich möchte da gerne noch was von dir erfahren.“ Ella blickte Mama an. „Warum war Eddie nicht hier? Hast du ihn nicht eingeladen? Ich hab ihn heute Nachmittag mit seinen Freunden gesehen.“

Ella war sprachlos. Bittere Tränen schossen aus ihren Augen. Von wegen seine Oma komme zu Besuch! Warum log er sie so dreist an? Ella sprang vom Tisch auf und rannte in ihr Zimmer.

Kapitel 14

Eine unerwartete Überraschung

„Ella?" Mama kommt in Ellas Zimmer. „Katharina ist am Telefon."

„Ich bin nicht da!"

„Oh doch, ich sehe dich ganz deutlich!"

„Nein!" Ella zog ihre Decke über den Kopf.

„Also gut." Mama ging kurz aus dem Zimmer. Ella hörte sie sprechen. Dass es Ella nicht gut gehe und sie würde sich melden. Mama kam zurück. „Danke!", flüsterte Ella.

„Gerne mache ich das nicht! Und ..." Mama machte eine kurze Pause und blickte Ella eindringlich an. „Du solltest dich bei Katharina entschuldigen. Du warst nicht nett zu ihr. Schließlich ist SIE gekommen. So ein nettes, höfliches Mädel! Nicht schüchtern und auf den Mund gefallen wie deine anderen Freundinnen. Die haben oftmals keinen Ton gepiepst!" Mama nahm Ella in den Arm und streichelte ihre Stirn.

Ella dachte nach. Sie war echt nicht nett zu Katharina gewesen. Wie sie sie angefahren hatte! Dabei konnte sie am allerwenigsten für das Unglück! Aber Ella war so überrumpelt, überrascht und enttäuscht gewesen. Ella nickte. „Ich entschuldige mich bei ihr. Versprochen. Und du fandest meine anderen Freundinnen nicht nett?" Mama schüttelte den Kopf. „Warum durften sie trotzdem kommen?"

Mama lächelte sie an. „Weil du sie mochtest und sie dich."

Ella grübelte, ob sie die Zeit zurückdrehen wollte. Mit Sophie herrschte immer noch Funkstille. Und die anderen meldeten sich auch nicht. Als sie umzogen, sagte Mama zu Ella, sie solle nicht enttäuscht sein, wenn sich nicht all ihre Freundinnen bei ihr meldeten. Das konnte Ella nicht verstehen. Ella war sich sicher, dass der Kontakt nie abbrechen würde. Sie irrte sich. Erneut kullerten ein paar einsame Tränen über ihre geröteten Wangen.

Nein, die Zeit wollte Ella nicht zurückdrehen. Und zurückziehen wollte Ella auch nicht. Ohne Chili, ohne die Gruppe, ohne Konradine? Und ohne Katharina, die sie sogar noch anrief, obwohl Ella so gemein zu ihr war. Hier war Ellas neues Zuhause.

Papa kam rein. „Schön, dass du kommst, Holger", sagte Mama sanft.

Papa setzte sich. „Ella?"

Oh! Das hörte sich nach einem „Ella, wir haben eine Überraschung für dich!" an.

Gespannt blickte Ella abwechselnd Mama und Papa an. Vielleicht gingen sie morgen mit ihr ins Kino? Oder zum Bücherkaufen. Oder noch besser: Oma Johanna kam zu Besuch!

„Du hast Mama heute gesagt, dass sie blass ist", begann Papa.

Ella schluckte. „Mama ist doch nicht krank, oder?" Sie blickte Mama an.

„Nein." Mama lächelte.

Schweigen.

„Sag du es ihr, Anna."

„Was? Was wollt ihr mir sagen?" Ella rutschte nervös auf ihrem Bett hin und her.

Papa zog eine Schachtel unter ihrem Bett hervor. Ella öffnete sie. Eine neue Puppe!

„Ich habe gar nicht Geburtstag!“

„Nein, aber sie hat dir so gut gefallen.“

„Wie soll sie heißen?“, fragte Papa. „Lotte?“

„Bloß nicht!“

„Carla?“

„Nee!“ Ella überlegte. „Lilly!“

Mama und Papa blickten einander an. „Einverstanden.“

„Wieso müsst ihr einverstanden sein, wenn ich meiner Puppe einen Namen gebe? Das hat euch sonst nicht interessiert. Ihr seid heute aber komisch!“

„Toll, so eine Babypuppe.“ Mama nahm Lilly in die Hände. „Die kann man wickeln wie ein echtes Baby. Da kannst du üben, Ella, bis deine Schwester Lilly endlich da ist.“

„Ich werde eine große Schwester?“, flüsterte Ella und stieß einen Schrei aus. „Juhu!“

Hurra! Eine kleine Lilly!

Kapitel 15

Freud und Leid

Den ganzen Samstag und Sonntag strahlte Ella wie ein Honigkuchenpferd. Sie wäre vor Stolz fast geplatzt. Als Erstes rief sie Oma Johanna an. Katharina hatte sie nicht erreicht. Schade. Am liebsten hätte sie auch Sophie von der Neuigkeit erzählt ... und Eddie. Sie wollte es jedem auf die Nase binden, der Verkäuferin im Supermarkt und beim Bäcker, der Nachbarin und jedem, der ihr über den Weg lief.

Am Montagmorgen, kurz vor dem Unterricht, schnappte Ella Katharina am Arm. „Komm mit! Ich muss dir was erzählen!" Ella zerrte sie am Arm nach draußen und sah, wie die coolen Mädchen sie musterten und Blicke untereinander tauschten. Das war Ella in diesem Moment egal. Sie wollte endlich ihre Neuigkeit loswerden!

„Stell dir vor", fing Ella an und erinnerte sich, dass sie sich noch entschuldigen musste. „Nein. Warte. Erst muss ich etwas anderes sagen. Es tut mir leid. Ich war so eine Dumpfbacke und hab mich total daneben benommen. Weißt du, ich habe mich auf meine erste Party so gefreut. So ein Reinfall. Ich war wütend und enttäuscht und überfordert. Ich hätte das nicht an dir auslassen sollen. Es tut mir leid."

Ella senkte den Kopf. Erst als sie ihre Worte laut aussprach, war ihr bewusst, wie doof sie sich verhalten hatte.

„Ist schon gut. Ich versteh dich ja. Ich glaub, ich wäre genauso enttäuscht. Das gehört sich nicht! Wenn man nicht kommen kann, sollte man absagen." Katharina nahm Ella in den Arm. Und Ella war es schnurzpiepegal, ob die coolen Mädchen das sehen konnten! „Hey, mach dir keinen Kopf. Schon vergeben und vergessen!"

Ella löste sich von ihr. „Ehrlich?"

Katharina nickte. „Ehrlich. Was wolltest du mir erzählen?" Ellas Mundwinkel schoben sich nach oben. „Mach es nicht so spannend!", sagte Katharina.

„Ich werde eine große Schwester! Die Schwester einer kleinen Lilly! Ist das nicht schön? Oh, Katharina, ich freu mich so! Wie sehr hab ich mir ein Schwesterchen gewünscht!" Ella seufzte glücklich! „Sogar Chili war am Wochenende völlig aus dem Häuschen, als ich ihm die Nachricht in sein Ohr flüsterte!"

„Mensch, das ist ja toll! Ich will auch eine kleine Schwester haben!", meinte Katharina.

„Wir können uns meine teilen! Du nimmst sie, wenn sie schreit, und ich, wenn sie schläft", grinste Ella.

Katharina lachte. „Das würde dir so passen!" Kichernd gingen sie ins Klassenzimmer und kassierten für ihre Fröhlichkeit bitterböse Blicke von den coolen Mädchen.

„Soll ich dich zur Kommunionstunde abholen?", fragte Katharina nach dem Unterricht.

Ella nickte. „Das wäre fein!"

Zusammen gingen sie aus der Schule, den Nachhauseweg ging Ella allein. Katharinas Mutter holte Katharina ab.

„Soso, Ella, haben wir eine neue Freundin gefunden? Den Strebermops? Eigentlich wollten wir dich gerne bei uns aufnehmen. Aber unter diesen Umständen geht das natürlich nicht." Lotte blickte Ella hochnäsig an.

Ellas Wuttopf kochte. „Ach, weißt du, auf solche wie euch kann ich gut verzichten." Ella drehte sich um und ging.

Zu Beginn der Kommunionstunde zündete Konradine die Gruppenkerze an. Sie las einen Spruch vor, danach sangen sie ein Lied.

Ella betrachtete die Kerze. Auf ihr klebte ein bisschen etwas von jedem. Sie hatten sie gleich in einer der ersten Stunden verziert. Jeder schrieb seinen Namen auf ein Wachsblatt. Rund um die Kerze war ein Wachsast geklebt, an dessen Enden die Wachsblätter in verschiedene Richtungen zeigten.

„Hast du schon was von Walburga gehört?", fragte Simon im Anschluss.

Konradine strahlte. „Ich habe sie gefunden und ich habe ihr umgehend eine *Mässitsch* geschickt. Bis jetzt hat sie sich nicht gemeldet."

„Das wird sie!"

„Vielleicht ist sie im Urlaub?"

„Und hat ihr Smartphone vergessen und kann somit ihre Mails nicht abfragen!"

Konradine lachte. „Quatsch beiseite! Kommen wir zum Thema der heutigen Stunde: das Teilen. Beim letzten Abendmahl teilte Jesus das Brot und reichte es seinen Jüngern. Wann habt ihr zum letzten Mal was geteilt? Teilt ihr gerne?" Konradine gab den Mädchen jeweils ein Brot. Naomi teilte mit Alexander, Katharina mit Simon. Ella musste mit Eddie teilen. Ausgerechnet mit ihm!

„Ella, warum zögerst du? Teilst du nicht gerne?", fragte Konradine.

Ella teilte das Brot und schob Eddie eine Hälfte rüber, ohne ihn anzublicken. Sie war stinksauer auf ihn. Keine Entschuldigung. Keine Erklärung, warum er sie anlog. Eddie sah weg. Das machte Ella rasend. Was sollte all das Getue? Konnte er, durfte er sie nicht mehr zur Freundin haben? Stand er nicht zu ihr? Verteidigte er sie nicht vor seinen Freunden?

„Im Prinzip schon. Nur teile ich am liebsten mit Menschen, die ich mag und die mich mögen und ungern mit falschen Freunden."

Eddie warf Ella einen bitterbösen Blick zu, als wäre sie schuld an allem. Ihr platzte der Kragen. „Du brauchst gar nicht so böse schauen! Es ist alles deine Schuld."

„Du spinnst"

Ella schnappte nach Luft. Konradine forderte die anderen Kinder auf, mit ihr in die Küche zu gehen.

„Ich dachte, wir wären Freunde, aber da hab ich mich wohl getäuscht. Immer, wenn du mit deinen Fußballfreunden unterwegs bist, tust du so, als wäre ich nicht da, oder du redest mich blöd an. Und vor allem lügst du mich an!"

„Tu ich nicht!"

„Doch, das tust du! Von wegen deine Oma würde kommen! Pah! Und ich hab dir geglaubt. Mama hat dich gesehen! Wenn du keine Lust hattest, warum hast du nicht abgesagt? Ist es so schwierig, die Wahrheit zu sagen?"

„Du hast keine Ahnung, du dumme Kuh! Lass mich in Ruhe!" Eddie packte seine Sachen. Ella hörte die Haustüre knallen.

Kapitel 16

Die Kleiderfrage

„Hast du Lust, mit Chili Gassi zu gehen?“, fragte Ella Katharina nach der letzten Schulstunde.

Katharinas Augen funkelten. „Gerne! Soll ich dich abholen? Um zwei?“ Ella nickte.

Zu Hause packte Ella einen Rucksack: Leckerlis für Chili, Kekse für Katharina und sie, Wasser und einen Ball. Wie sehr sich Katharina mit ihr über Lilly freute! Überhaupt war Katharina sehr nett. Mama hatte wieder einmal recht! Ella verstand nicht, weshalb sie Katharina anfangs nicht leiden mochte und warum sie unbedingt zu den coolen Mädchen gehören wollte. Cool waren sie nicht. Arrogant und zickig traf es eher. Erst nach der misslungenen Party war Ella bewusst geworden, wie doof sie waren und wie sehr sie Katharina schätzte. Entschuldigt hatten sich Henriette, Lotte und Helena bis heute nicht. In den Pausen steckten die drei ihre Köpfe zusammen, beäugten ihre Mitschüler, vor allem Ella und Katharina. Bestimmt lästerten sie über Katharinas Gewicht und darüber, dass Ella jetzt mit ihr befreundet war. Befreundet? Hatte Ella soeben „befreundet“ gedacht?

Katharina und sie waren Freunde! Echte Freunde! Dieser Gedanke zauberte ein Lächeln auf Ellas Lippen. Ein weiterer Wunsch war in Erfüllung gegangen. Katharina und Ella, die neuen besten Freundinnen. Ella und Lilly Munte, die große und die kleine Schwester. Zum ersten Mal seit dem Umzug war sie glücklich. Wenn sich Eddie noch entschuldigte, war ihr Glück perfekt.

Katharina und Ella liefen durch den Wald, den beiden voran Chili, der sich ständig umdrehte und ordentlich bellte. „Wahnsinn! Chili gibt Gas!", keuchte Katharina.

Ella nahm einen Ast. „Chili!" Ella wedelte mit dem Ast, der Hund kam angefetzt. Ella warf den Ast ein paar Meter nach vorne. „Hol das Stöckchen!", forderte Ella Chili auf. Er raste dem fliegenden Ast hinterher und brachte ihn zehn Sekunden später zurück. Chili gab ihn Katharina.

„Das ist ein Liebesbeweis!", jubelte Ella. „Er mag dich!"

Sie spazierten eine Weile durch den Wald. Ella war verwundert. Interessierte es Katharina nicht, warum Eddie gestern türenknallend das Hexenhäuschen verlassen hatte?

Sie warfen das Stöckchen noch ein paar Mal, bis Katharina stehen blieb. „Magst du mir von deinem Streit mit Eddie erzählen?" Ella schüttelte den Kopf. „Okay", sagte Katharina und es klang kein bisschen beleidigt.

Sie lächelte Katharina an und sie gingen schweigend nebeneinander her. Mit Sophie wäre so eine Situation undenkbar gewesen. Sie hätte Ella noch am gleichen Abend angerufen und so lange gequengelt, bis Ella mit der Wahrheit herausrückte. Beim Gassigehen hätte sie alles noch einmal diskutieren wollen.

„Hast du schon ein Kleid?", fragte Ella.

Katharina schüttelte den Kopf. „Auf das kommt es nicht an." Katharina lachte. „Na ja, zumindest mir nicht. Ich bin mir sicher, dass Lotte, Henriette und Helena seit Monaten kein anderes Thema mehr bereden als das Kommunionkleid. Zwischen Lotte und Henriette ist bestimmt ein Wettbewerb entfacht. Beide wollen dauernd bewundert werden. Schade, dass sich Helena so mitziehen lässt."

Ella stimmte ihr zu.

„Und du? Hast du schon eines?"

Ella schüttelte den Kopf. „Mama und ich gehen am Wochenende einkaufen. Zuvor will sie aber gucken, wo ihr Kommunionkleid ist. Vielleicht passt es mir. Dann trage ich es und in neun Jahren Lilly."

„In manchen Orten ist es üblich, dass alle die gleichen Kutten tragen. Das finde ich toll. Vor Gott sind alle Kinder gleich. Er bevorzugt niemanden. Mit einer Kutte wird dies noch deutlicher. Schade, dass sich der Pfarrer nicht gegen Lottes und Henriettes Mutter durchsetzen konnte. Ich bin mir sicher, Lotte und Henriette haben Brautkleider. Das ist doch blöd. Als ginge es um eine Modenschau oder den schönsten Kopfschmuck."

Ella grübelte. Katharina sprach wie eine Erwachsene. „Meine Eltern würden mir ein solches Kleid kaufen. Ich will aber keines. Wenn es schon weiß sein muss, soll es eines sein, das ich auch im Sommer tragen kann."

Sophie wollte auch ein schickes Kommunionkleid. Ella damals auch. Jetzt kam es ihr überheblich vor. Katharinas Worte klangen vernünftig. Es kam nicht auf das Kleid an. „Wollen wir gemeinsam nach zwei Sommerkleidern für uns gucken?", fragte Ella. „Wir holen dich ab." Ella erblickte die arroganten Ziegen, ehemals coolen Mädchen, die geradewegs auf die beiden zukamen.

„Der Strebermops und sein Anhängsel!" Lottes Worte waren scharf wie eine Messerklinge. „Und hast du schon ein Kleid?" Lotte warf ihre blonden Locken nach hinten. „Meines ist eine Maßanfertigung. Mama will nicht, dass irgendein Mädchen das gleiche Kleid trägt wie ich. Bei einer Maßanfertigung ist das kein Problem. Ich darf mir den

Stoff, die Knöpfe, das Seidenband, die Schuhe, das Täschchen und den Haarschmuck selbst aussuchen. Die Frisur habe ich in einer von Mamas Zeitschriften entdeckt." Lotte blickte Katharina missbilligend von oben bis unten an. „In dein Kleid passe ich zweimal!" Lotte lachte fürchterlich, Henriette schloss sich an. Nur Helena blickte beschämt zu Boden.

„Oberflächlicher geht es nicht mehr. Du hast noch nicht verstanden, worum es bei der Kommunion geht", sagte Ella tonlos. Sie blickte Katharina an. Diese verzog keine Miene. Obwohl sie eigentlich schon am Waldrand waren, gingen sie zurück in den Wald. Die garstigen Worte Lottes überhörten sie. Chili knurrte die arroganten Ziegen an, bis sie endlich abzogen. Nach getaner Arbeit fetzte er Ella und Katharina hinterher.

„Das hast du gut gemacht, Chili!" Ella gab ihm ein Leckerli.

Kapitel 17

Die Zehn Gebote

„Ella?“

Sie drehte sich um. Eddie.

„Ähm, ich, äh, ich wollte ...“, stotterte Eddie. Ella blickte ihn überrascht und zugleich erwartungsvoll an. „Treffen wir uns morgen Nachmittag? Ich muss mit dir sprechen“, schoss es mit Turbogeschwindigkeit aus Eddies Mund. Ella verstand ihn nicht und fragte nach. Erneut versuchte er, seine Frage zu formulieren.

Ella überlegte, sah Katharina an, die ihr aufmunternd zunickte. „Okay“, sagte Ella.

„Danke. Morgen um zwei am alten Tor?“ Ella nickte. Und schwups raste Eddie davon.

„Ist ihm nicht leicht gefallen“, stellte Katharina fest.

„Sieht so aus. Da bin ich mal gespannt“, sagte Ella.

Die Spannung hielt knapp vierundzwanzig Stunden an. Ella überlegte, warum sie sich nicht noch am späten Nachmittag hätten treffen können. Vielleicht war es doch nicht so wichtig? Entschuldigte sich Eddie endlich?

Ella versuchte, sich mit den Mathehausaufgaben abzulenken. Ihr Mathelehrer gehörte leider nicht zu den Menschen, die Schwieriges verständlich erklären konnten. Ella verstand die Aufgabenstellung nicht. Sie rief Katharina an. Zehn Minuten später saßen die beiden in Ellas Küche und übten. „Du solltest Mathelehrerin werden! Ich glaube, ich habe es kapiert. Lass mich die nächste Aufgabe alleine machen."

Katharina korrigierte die Aufgabe. „Alles richtig. Glückwunsch!"

„Ohne dich hätte ich das nicht geschafft! Danke!"

Am nächsten Tag in der Schule sorgte ihr Mathelehrer für die nötige Ablenkung. „Ella? Ellllla!" Sie hob den Kopf und blickte direkt in die Augen ihres Mathelehrers, der ihr eine Kreide vor die Nase hielt. „Geh bitte an die Tafel und löse die Aufgabe. Das hilft am besten gegen lästige Tagträume."

Die arroganten Ziegen kicherten. Ella hörte Lotte sagen: „Sie ist verliebt. In Eddie!"

Ellas Wangen färbten sich rot. So ein Schwachsinn. Ella ging zur Tafel. Sie stellte sich vor, Katharina stünde neben ihr. In Windeseile löste Ella die Aufgabe, legte die Kreide beiseite und setzte sich wieder neben Katharina. Naomi war so nett und hatte den Platz von sich aus angeboten. Sie sitze lieber allein, meinte sie.

Der Lehrer lobte sie, von den arroganten Ziegen erntete sie böse Blicke und Katharina grinste. „Das mit der Mathelehrerin überleg ich mir noch einmal!"

Nervös spielte Ella mit ihren Händen. Sie war auf dem Weg zum alten Tor. Eddie saß bereits auf der Treppe, die zum Tor hinaufführte. Als er sie erblickte, stand er auf und ging ihr entgegen. „Danke, dass du gekommen bist." Ella schenkte ihm ein klitzekleines Lächeln.

Eddie seufzte. „Rumlaufen oder hinsetzen?" Ella zuckte mit den Schultern. Vom alten Tor aus ging ein Weg hinüber zum Flussufer, der direkt an ein Waldgebiet grenzte. Ella war mit Chili öfters dort gewesen.

Eddie schluckte. Blieb stehen, sah Ella in die Augen. „Ella, es tut mir so unendlich leid. Ich bin so ein Trottel!" Sie nickte. Eddie senkte den Kopf. „Ich verstehe, wenn du nicht mehr meine Freundin sein willst. Ich hoffe, du kannst mir eines Tages verzeihen. Ich war so gemein zu dir!"

„Und woher kommt deine Erkenntnis?", fragte sie.

„Du hattest recht! Und ich habe dir nicht geglaubt, weil ich es nicht glauben wollte. Ich wollte dazugehören. Und es schien zu klappen. Phil, Lars und Henry gaben mir das Gefühl, mich dabei haben zu wollen. Meinetwegen. Nicht, weil ich so gut spiele. Ich war so naiv. Ich war wirklich davon überzeugt, sie meinten es ernst!"

„Und das haben sie nicht?", hakte Ella nach.

Eddie schüttelte den Kopf, seine Finger tippten auf seinem Oberschenkel eine stumme Melodie. Er vergrub sein Gesicht in seinen Händen und fing an zu schluchzen.

Ella war überrascht und ratlos. Jungs weinen nicht. Was sollte sie tun? „Was ist passiert?", fragte Ella. Sie setzten sich auf einen Baumstumpf.

Seine verheulten Augen blickten sie an. „Ich habe ein Gespräch belauscht! Erst war ich total happy, weil mich Phil, Lars und Henry in den Himmel gelobt haben: Weil ich ein genialer Stürmer bin und sie mit mir bis jetzt jedes Spiel gewonnen haben. Dann begann Phil über mich zu lästern, dass ich doof und zu jung sei und die dumme Kuh sich ständig einmische."

„Die *dumme Kuh* bin ich?"

Eddie nickte.

„Idioten!"

Eddie fuhr fort. „Sie wollten, dass ich ausschließlich für sie da bin. Ich ließ mich darauf ein und bemerkte es nicht einmal. Lars setzte dem Ganzen noch die Krone auf. Er sagte: Eddie ist so ein Volltrottel. Der merkt nicht einmal, dass wir uns nur bei ihm melden, wenn ein Spiel gegen die Fiesen Vier ansteht."

Ella schluckte. Das war eine Schmach! Der arme Eddie! Das Drama hatte aber auch eine gute Seite: Eddie hatte begriffen, dass Phil, Lars und Henry keine Freunde waren.

„Kannst du", Eddie fiel es sichtlich schwer weiterzusprechen, „mir verzeihen?"

Bevor Ella antworten konnte, hörte sie hinter sich Stimmen. „Hey, Eddie, was treibst du dich noch mit dieser Schnepfe herum? In zwei Stunden ist das Spiel gegen die Fiesen Vier!" Ella und Eddie drehten sich um.

Eddie sprang auf. Wutentbrannt schubste er Phil. „Ob du es willst oder nicht. Ella ist meine Freundin. Und daran kannst und wirst du nichts ändern!" Eddie wandte sich an Ella. „Komm, lass uns gehen!"

Lars packte Eddie am Arm. „Du kannst nicht abhauen. Wir haben heute ein wichtiges Spiel. Das allerwichtigste, um genau zu sein."

„Viel Glück", grinste Eddie.

Sechs Augen verzogen sich zu sechs Schlitzen erfüllt von blankem Hass. „Bleib stehen", rief Lars. „Und komm her, zu uns!"

„Wie redest du mit Eddie? Er ist kein Hund", verteidigte Ella Eddie.

„Dich hat keiner gefragt!"

Ella und Eddie wollten weitergehen.

„Du kannst uns jetzt nicht im Stich lassen!" Lars Stimme war von jetzt auf gleich butterweich. „Wir sind doch Freunde!"

„Tolle Freunde, echt wahr. Freunde, die hinter meinem Rücken lästern, wie doof ich bin, und dass ihr mich nur zum Fußballspielen braucht. Ihr könnt mich mal!"

„Das wirst du bereuen!"

Phil, Lars und Henry blickten ihn bitterböse an und zischten ab.

„Hoffentlich gewinnen die Fiesen Vier!“ Eddie sah mit einem Schlag entspannt aus.

„Ich bin froh, dass alles geklärt ist“, sagte Ella.

„Und ich erst! Ich werde dich nie mehr anlügen, Ella. Versprochen!“

Als die beiden bei Konradine ankamen, waren alle sichtlich überrascht, dass ausgerechnet Ella und Eddie gleichzeitig und bester Laune das Wohnzimmer betraten.

„Wir haben uns versöhnt“, erklärte Ella kurz.

Konradine strahlte. „Ich freue mich. Kommt, setzt euch. Wir fangen an. In zwei Tagen geht ihr zum ersten Mal zum Beichten. Was ihr beichten wollt oder müsst, besprechen wir hier nicht. Das soll sich jeder von euch zu Hause überlegen.“ Konradine verteilte Blätter, legte sie aber verdeckt vor die Kinder. „Darauf sind die Zehn Gebote aufgelistet. Daneben ist eine Leerzeile, in die eine Erklärung eingefügt werden soll. Wer von euch kennt alle zehn Gebote?“ Bis auf Katharina und Alexander meldete sich niemand.

Ella überlegte. Ein paar wusste sie schon, aber alle? Wie war das? Du sollst nicht lügen. Du sollst nicht stehlen. Und da war noch was mit einer anderen Frau. Aber dieses Gebot konnte sie sich nicht merken, weil sie nicht verstand, was damit gemeint war.

„Wie lautet das erste Gebot?“, wollte Konradine wissen.

„Du sollst keine anderen Götter neben mir haben“, sagte Naomi.

„Sehr gut, Naomi. Und was glaubst du, wollte Gott mit diesem Gebot bewirken?“

Naomi überlegte. „Vielleicht will er bei den Menschen an erster Stelle stehen. Sie sollen nur ihn lieben und verehren und nicht mehrere gleichzeitig.“

Konradine nickt erfreut. „Das zweite lautet: Du sollst den Namen Gottes nicht verunehren.“ Konradine blickte in die Runde.

Simon meldete sich zu Wort. „Es könnte bedeuten, dass wir den Namen Gottes nicht in Schimpfwörtern benutzen sollen. Oder ihn nicht zum Fluchen missbrauchen sollen.“

„Du solltest überhaupt nicht fluchen“, meinte Alexander.

„Das ist nicht so verkehrt. Hat jemand noch eine Idee? Katharina?“

„Wenn wir einen Test nicht schaffen, sollten wir den Fehler bei uns suchen und nicht bei anderen oder bei Gott.“

„Ihr seid super. Schreibt diese Sachen gleich mal auf euer Blatt. So könnt ihr euch die Zehn Gebote besser merken. Ich bin mir sicher, der Herr Pfarrer fragt sie ab und auch den Sinn, der dahintersteckt!“

Die nächsten drei Gebote verstanden alle Kinder: Dass man an Sonntagen beziehungsweise an Feiertagen nicht arbeiten sollte, wusste jeder. Ella überlegte kurz. Papa war am Wochenende ab und an unterwegs. Wenn eine Kuh kalbte, konnte sie es schlecht auf Montag verlegen. Dafür hatte Gott bestimmt Verständnis!

Das vierte und fünfte Gebot waren logisch. Ehre Vater und Mutter! Und: Du sollst nicht töten!

„Konradine, ich verstehe das sechste Gebot. Du sollst nicht ehebrechen. Das bedeutet, dass mein Papa sich keine andere Frau suchen soll. Aber ich bin nicht verheiratet.“

„In einer Beziehung, egal, ob zwischen Mann oder Frau, unter Freundinnen und Freunden, Verwandten und Bekannten geht es immer um eins: um Vertrauen. Würde dein Vater deine Mutter betrügen, könnte sie ihm nicht mehr vertrauen. Und auch dein Vertrauen in deinen Vater wäre angeknackst. So wie du nicht willst, dass dir jemand wehtut, solltest du niemanden verletzen. Verstehst du, was ich damit sagen will?“ Ella nickte. Eddie hatte ihr Vertrauen missbraucht. Aber sie mochte ihn und deshalb hatte sie ihm verziehen.

Das siebte und das achte Gebot waren einfach: Du sollst nicht stehlen! Und du sollst nicht lügen! Ella grinste Eddie an. „Du sollst nicht lügen, nicht einmal notlügen, egal, worum es geht.“

„Du sollst nicht begehren deines nächsten Frau.“ Konradine las das neunte Gebot vor.

„Das ist das gleiche wie das sechste Gebot“, warf Simon ein.

„Ersetze die Frau mit etwas anderem. Einem Fahrrad. Einem Handy. Einem Urlaub. Was bedeutet es dann?“

Simon dachte nach. „Hmm. Ich soll nicht begehren Alexanders Handy“, murmelte er. „Ich soll nicht neidisch sein und den anderen ihre Sachen gönnen.“

„Das trifft eher auf das letzte Gebot zu: Du sollst nicht begehren deines nächsten Hab und Gut.“ Konradine überlegte kurz. „Ich habe mich unverständlich ausgedrückt. Es ist vielmehr so gemeint, dass man nicht immer alles haben muss. Man soll lernen, sich zu beherrschen und auch mal zu verzichten. Denkt an Weihnachten. Da ist doch die Wunschliste an das Christkind besonders lang. Aber brauchst du unbedingt das allerallerneueste Handy, wenn dein altes noch funktioniert? Man könnte dieses Gebot auch mit Genügsamkeit übersetzen.“

Simon nickte. „Jetzt hab ich es kapiert!“ Konradine blickte in die Runde und sah sechs nickende Köpfe.

„Konradine, wie waren deine Kommunion und deine erste Beichte? Bestimmt ganz anders!“

Konradine nickte lachend. „Ein guter Punkt und gleichzeitig eure Hausaufgabe. Fragt eure Eltern, Omas, Opas, Tanten, Onkeln, Großtanten, wie sie die Beichte und die

Kommunion erlebten. Ihr werdet spannende Geschichten hören, viel Neues lernen. Die besten erzählt ihr euch in der nächsten Gruppenstunde. Aber nun zu mir. Meine Güte, ist das lange her! Lasst mich mal überlegen."

Konradine schloss kurz die Augen. „Unser Pfarrer damals war sehr streng. Vor der Beichte musste jeder die Zehn Gebote aufsagen. Wenn man es nicht konnte, musste man als Strafe zehnmal das Vater Unser aufschreiben. Mit der Hand. In Schönschrift. Was ich gebeichtet habe, weiß ich nicht mehr. Es kann nichts Schlimmes gewesen sein. Ich musste nur drei Vater Unser beten. Die Kommunion war ein wichtiger Tag. Überhaupt waren die religiösen Feiertage wirkliche Feiertage. Da haben sich die Frauen, Männer und Kinder noch fein herausgeputzt, mit Anzug und Krawatte. Man ging die Prozessionen mit und auf Wallfahrt. Und alle machten es gerne, sogar die Kinder. Heute haben die meisten Menschen kaum mehr dafür Zeit. An Feiertagen hat man nicht gearbeitet, auch das wird heute nicht mehr so ernst genommen, weil man nicht kann oder will. Aber jetzt bin ich vom Thema abgekommen. An dem Tag meiner Erstkommunion bin ich mit meiner Taufpatin, nach der ich benannt bin, zum Fotografen gegangen."

Konradine stand auf und kramte ein paar Fotos aus einer Schublade. „Seht, das bin ich, als ich so alt war wie ihr!"

Die Kinder staunten nicht schlecht. „Du bist dünn und siehst brav aus", stellte Simon fest.

„Danke für das Kompliment." Konradine erzählte weiter. „Nach der Kirche gingen wir essen. Viele konnten sich diesen Luxus nicht leisten. Weil die Kommunion ein derart bedeutender Tag war, haben meine Eltern gespart, damit wir diesen Tag so feiern konnten."

„Gab es Geschenke?", fragte Naomi.

„Meine Eltern schenkten mir das Essen. Von meiner Oma bekam ich ein Kreuz mit einer Kette. Das hatte sie schon zur

Kommunion bekommen. Ich habe es immer noch. Meine Patentante schenkte mir die Kerze und etwas ganz Besonderes. Zumindest war es das für mich. Wir gingen in einen feinen Laden und sie hat mir eine Orange und eine Banane gekauft. Das war damals sehr teuer und ich hatte zuvor noch nie in meinem Leben weder eine Orange noch eine Banane gegessen."

„Und wie war der erste Bissen?"

„Ich weiß es nicht. Ich war so stolz auf diese Gabe, dass ich das Obst lieber anstarrte und abmalte, als es zu essen. Es ist leider verdorben und meine Eltern waren entzürnt."

„Sonst hast du nichts bekommen?" Simon klang entrüstet.

Konradine schmunzelte. „Handy und Computerspiele waren noch nicht erfunden und kaum jemand besaß Geld. Ich war glücklich. Denkt noch mal an das neunte Gebot. Das mit der Genügsamkeit. Wir kannten diesen Geschenkereichtum nicht, den es heute gibt. Zum Geburtstag gratulierten mir meine Eltern mit einem Kuss. Der Namenstag bedeutete übrigens mehr als der Geburtstag. Der Namenstag wurde gefeiert: Meine Patentante wurde eingeladen und mit Kaffee und Kuchen verwöhnt. Zu Weihnachten brachte das Christkind warme Kleidung und mit viel Glück ein Buch."

Ella war sprachlos. Sie musste Oma Johanna anrufen und sie bitten, ihr ein paar Geschichten aus ihrer Kindheit zu erzählen. Das war so spannend. Ella bekam immer Geschenke zum Geburtstag. Zum Namenstag und zum Tauftag schickte ihre Patentante Elisa eine Karte und ein kleines Geschenk. Meistens war es ein Buch, in das Tante Elisa stets schrieb: für mein Lesemäuschen, das mehr Bücher verschlingt als eine Maus Käse.

Ella grinste. Tante Elisa war echt klasse. Leider wohnte

sie in Irland und sie konnten sich nur selten sehen. Aber sie schrieben sich viele E-Mails, telefonierten und schickten einander Fotos.

Kapitel 18

Ein unverhoffter Anruf

Das Telefon klingelte. Ella betrachtete eine Weile die Nummer. Sie wusste, wessen Nummer es war: Sophies. Ella war unschlüssig, ob sie rangehen sollte. Wollte sie mit ihr sprechen? Ella war noch immer enttäuscht von ihrer einst besten Freundin. Von Neugier erfüllt war sie allerdings auch. Die Neugier siegte über die Enttäuschung. Ella drückte auf den grünen Knopf.

„Ella Munte", sagte sie.

Schweigen.

„Ella Munte", sagte sie erneut.

„Hi Ella, hier ist Sophie!"

„Hallo Sophie!"

„Stör ich dich?", fragte Sophie.

„Ich bin noch mit meiner Freundin verabredet. Ein paar Minuten verbleiben noch. Wie geht's?"

„Das freut mich, dass du eine Freundin gefunden hast!"

„Meine anderen haben mich schon vergessen. Aus den Augen, aus dem Sinn. So ist das halt", rutschte es Ella heraus. Aber warum sollte sie so tun, als sei alles in Ordnung? Diese Sache musste endlich geklärt werden.

Sophie seufzte. „Es tut mir leid, Ella!"

„Was tut dir leid?", hakte Ella nach.

„Ich hätte dir sagen sollen, dass ich nicht kommen kann und dass ich mit Laura wegfahre. Laura und ich wollten unbedingt zum Gesangstraining mitfahren", rechtfertigte sich Sophie.

„Verstehe. Das ist Grund genug, mich anzulügen."

„Ich wollte dich nicht verletzen. Ich dachte, du würdest es nicht merken."

„Das ging wohl daneben", meinte Ella knapp.

Schweigen auf der anderen Seite.

„Hat sich die Lügerei wenigstens gelohnt?" In Ellas Stimme schwang ein wenig Neid, gewürzt mit einer Brise Trotz und Enttäuschung.

„Mensch, Ella, ich hab mich mit Laura immer gut verstanden. Das weißt du doch!"

Ella sagte nichts.

„Ich vermisse dich, Ella!"

Das klang ehrlich. Ella spürte, wie ihr bockiges Herz allmählich puddingweich wurde.

„Ich dich auch", flüsterte sie so leise, dass Sophie es nicht hörte.

„Verzeihst du mir?"

„Ja."

„Danke! Ella, ich weiß, dass ich einen Fehler gemacht habe. Ich verspreche dir, dass ich dich nie wieder anlügen werde. Ich hoffe, wir hören und lesen uns wieder öfters!"

„Das hoff ich auch!", meinte Ella.

„Wie sind eure Kommunionstunden?", will Sophie wissen.

Ella erzählte von Konradine, ihrer Tischoma. Sophies Skepsis war deutlich zu spüren. Ella berichtete von den kurzweiligen Stunden, die Konradine mit Stoff vollpackte, ohne dass man es merkte. „Sie erzählt Geschichten, wir spielen jedes Mal ein Quiz, malen, basteln, reden. Und bei dir? Mit wem bist du in der Gruppe? Und wer ist deine Tischmutter?"

Sophie stöhnte. „Wir haben den Tischbein als Tischvater. Der ist so unendlich langweilig! Und weil wir in der einen Stunde nie alles schaffen, müssen wir viel zu Hause nacharbeiten. Die Gruppe ist okay. Außer Laura und mir sind noch Hermine und Fridolin dabei – die beiden kennst du noch. Eine Neue haben wir: Teresa aus Bayern. Sie hatte keinen guten Start, weil sie bayrisch spricht und sie kaum einer versteht. Die Jungs verarschen sie ständig, äffen sie nach. Manche Mädchen sind nicht besser. Ich mag Resi. Sie ist nett und ich mag ihren Dialekt. Ich hab sie zu meinem Geburtstag eingeladen und deswegen sind ein paar andere nicht gekommen! Stell dir das einmal vor! Unfassbar, oder? Aber das war mir egal."

Ella schluckte. Für Sophie war die Meinung anderer stets von enormer Bedeutung.

„Sie ist auf einem Bauernhof aufgewachsen", fuhr Sophie fort. „Und kennt sich mit Tieren aus und kann reiten. Sie will mich nächste Woche mitnehmen. Ich wollte schon immer reiten lernen."

Daran konnte sich Ella gut erinnern. Ella mochte keine Pferde. Damals nicht und heute nicht. Aber sie freute sich für Sophie, dass sich einer ihrer Herzenswünsche erfüllte.

„Wie läuft es mit dem Singen?", wollte Ella wissen.

„Sooooooo gut!" Obwohl Sophie Hunderte Kilometer weg war, konnte sich Ella lebhaft vorstellen, wie Sophie jetzt strahlte. „Nach den Chortagen hat der Chorleiter mit meinen Eltern gesprochen und meinte, ich solle Privatstunden nehmen! Stell dir das vor! Und seitdem hab ich jede Woche ein paar Stunden Gesangsunterricht. Ella, ich bin so froh, dass ich dir das endlich erzählen kann! Ich durfte bei einem Kindergesangswettbewerb mitmachen. Ich habe den dritten Platz geschafft und war sogar in der Zeitung!"

Ella war sprachlos.

„Ella?"

„Ich bin noch dran. Ich weiß grad nicht, was ich sagen soll. Mensch, Sophie! Das ist ja echt der Wahnsinn! Du wirst einmal berühmt werden! Cool! Bei mir gibt es auch Neuigkeiten: Ich bekomme eine Lilly!“

„Eine kleine Schwester? Ich freu mich für dich!“ Und Ella hörte an der Stimme, dass Sophie es ehrlich meinte.

Es klingelte an der Türe. „Oh, das wird Katharina sein. Das ist meine Freundin. Ich muss Schluss machen, Sophie. Wir hören uns bald wieder, ja?“

„Unbedingt! Mach's gut, Ella!“

Ella legte auf und öffnete die Türe. „Komm rein!“

„Bekommst du noch eine Schwester oder warum strahlst du so?“ Katharina folgte Ella in ihr Kinderzimmer. Dort kramte Ella ein Bild aus der hintersten Ecke ihrer Schublade. Sie wischte es ab und stellte es auf den Tisch.

„Wer ist das?“, fragte Katharina.

„Das ist Sophie. Sie hat mich vorher angerufen und sich entschuldigt. Am Ende des Telefonats hatte ich das Gefühl, als hätten wir uns erst gestern gehört. Weißt du, was ich meine?“

Katharina nickte. „Und das ist vermutlich Lilly?“ Katharina deutete auf Ellas neue Puppe. Stolz legte Ella Lilly in Katharinas Arme. „Ist die süß! Und die macht alles, was ein normales Baby auch macht?“

Ella nickte. „Heute Nacht hat sie mich dreimal aus dem Schlaf gerissen. Jedes Mal musste ich sie eine halbe Stunde rumtragen. Das muss Papa noch anders einstellen. Sonst weckt mich Lilly jede Nacht!“

„Wart ab, bis die echte Lilly kommt!“ Katharina grinste. Sie blickte wieder auf das Bild von Sophie. „Ist das die Sophie, die sich ewig nicht gemeldet hat?“

Ella hatte Katharina schon vor Längerem von dem Streit mit Sophie erzählt. „Ich erzähl dir alles unterwegs. Beeilen wir uns, nicht, dass wir zu spät zu Konradine kommen!“

Kapitel 19

Einer für alle und alle für einen

Ella hatte einen genialen Einfall: Sie dachte an eine Party. Die letzte war ordentlich in die Hose gegangen. Dieses Mal sollte es anders werden. Es sollten Leute da sein, die sich gegenseitig respektierten und akzeptierten, so wie sie nun mal waren. Und draußen sollte das Fest stattfinden. Ella beschloss, ihre Idee zunächst Katharina mitzuteilen. Gemeinsam plante es sich besser!

„Ich will eine Party feiern!", sagte Ella unverblümt zu Katharina. „Ich weiß noch nicht, wo, wie und mit wem. Obwohl, du musst dabei sein!" Ella grinste Katharina an. „Und Eddie!"

„Und Konradine!", meinte Katharina. Die Mädchen blickten sich an. Ella kam eine Idee. Und Katharina schien die gleiche zu haben. Sie riefen gleichzeitig: „Lass uns eine Party für sie machen!"

Die beiden lachten vergnügt. „Als Dankeschön, weil sie eine grandiose Tischoma war und ist und sie uns zu einer Gemeinschaft geformt hat!"

Ella dachte nach. „Ja, genau! Und somit wissen wir, wer auf die Party kommen muss: Naomi, Alexander, Eddie, Simon und wir zwei. Der Pfarrer, die Eltern, Geschwister und Großeltern, damit sie sehen, dass alle Vorurteile gegenüber Konradine nicht stimmten. Falsch waren. Sie sollen sich ein eigenes Bild von ihr machen."

Katharina stimmte ihr zu. „Und wo?"

„In Konradines Garten?"

„Gute Idee."

„Und wann?"

„Am besten noch vor der Kommunion. Das sollten wir schaffen. Jeder von uns nimmt etwas mit."

Die beiden Mädchen waren begeistert von ihrem Plan. Sie mussten nur noch Konradine überzeugen.

Am Ende der Kommunionstunde bat Ella die anderen, noch zu bleiben. Sie erzählte von ihrem Plan. Die anderen waren gleich begeistert, Konradine jedoch hatte Zweifel.

„Mein Garten ist für eine Feier nicht geeignet! Man kann keinen Tisch und keine Bank aufstellen. Wo sollen all die Menschen sitzen? Und wo stellen wir das Buffet auf?"

„Als Gemeinschaft schaffen wir das! Einer für alle und alle für einen!", rief Simon.

Die Kinder blickten sich vergnügt an. „Genau! Einer für alle und alle für einen!" Sie wiederholten den Satz immer und immer wieder.

„Wir machen einen Plan!", erklärte Alexander. „Morgen kommen wir nach der Schule ..."

Konradine unterbrach ihn. „Nach den Hausaufgaben."

Alexander schmunzelte. „Morgen kommen wir NACH den Hausaufgaben hierher und kümmern uns um den Garten."

„Aber ...", protestierte Konradine. „Ich will keinen geschniegelten Garten, keinen abrasierten Rasen. Sein Zauber der Unordentlichkeit muss erhalten bleiben! Ihr wisst nicht, wie mühsam es ist, einen Garten so zu pflegen und zu bepflanzen, dass er genau so aussieht! Da steckt viel Arbeit drin!"

Alexander nickte. „Wir arbeiten und du, Konradine, darfst im Schaukelstuhl sitzen und uns Befehle erteilen.

Und uns daran hindern, wenn wir an der falschen Stelle zu viel abschneiden."

„Wir können ja eine kreisrunde Fläche in der Mitte schaffen. Einen Kreis der Gemeinschaft!", meinte Ella.

„Die Idee gefällt mir!", sagte Konradine.

„Meine Eltern haben noch einen Paravent. Den können wir aufstellen!", sagte Katharina.

„Oh, wie schön!", rief Naomi.

„Und wir haben Bierbänke zu Hause!", meinte Simon.

„Ich schau nach Tischdecken! Auf dem Speicher müssten noch welche rumliegen!", meinte Konradine. „Immer hebt man Sachen ewig für besondere Anlässe auf und vergisst sie wieder. Aus den Augen, aus dem Sinn. Und wenn diese Party kein besonderer Anlass ist! Ach, Kinder, die Idee gefällt mir immer besser!" Konradine strahlte in die Runde.

„Wir brauchen noch einen Termin. Da fragt jeder zu Hause nach. Ein Samstag oder Sonntag wäre gut."

„Einladungen!", rief Ella. „Wir brauchen noch Einladungen."

„Ich hasse Basteln", meinte Simon. Alexander stimmte ihm zu. Eddie nickte.

„Ich würde das gerne machen! Wie viele brauchen wir? Und wie sollen sie aussehen?", fragte Naomi.

„Ich helfe dir!", sagte Ella. „Ich hab von meiner Patentante zu Weihnachten so schönes Papier bekommen. Das sieht bestimmt klasse aus."

„Ich bin dabei!", sagte Katharina.

„Perfekt. Ihr Mädchen macht das Kreative. Wir Jungs kümmern uns um das Handwerkliche. Wir sind echt ein geniales Team!" Alexander stand auf. „Einer für alle. Und alle für einen!", rief er. Die anderen erhoben sich und grölten.

Konradine saß vergnügt auf dem Stuhl. „Ein schönes Motto ist das. Ganz im Sinne der Kommunion. Und wir haben ein gemeinschaftliches Projekt. Das wollten wir doch! Könnt ihr euch erinnern?“

„Sollte ein gemeinschaftliches Projekt nicht mehr ein soziales Ziel verfolgen?“, fragte Alexander. „Für alte Leute einkaufen gehen oder Gassi gehen oder Fenster putzen, solche Sachen eben.“

„Das ist ein schöner Gedanke, Alexander. Und wenn ihr Lust habt, treffen wir uns weiterhin und starten solche Aktionen.“ Alle stimmten mit Begeisterung zu.

„Wir brauchen noch einen Namen!“, sagte Ella.

Sie grübelten lange. Aber dann hatten sie einen Namen gefunden: Konradines Kinder.

Kapitel 20

Eine Überraschung für Konradine

In den folgenden Tagen waren *Konradines Kinder* höchst beschäftigt. Die Mädchen bastelten fleißig an den Karten, die Jungs kümmerten sich um den Garten. Konradine schrieb auf, was noch zu besorgen war, und erstellte eine Excel-Liste, in die sich jeder eintrug.

Ella bastelte emsig, ihre Gedanken schwirrten umher. Erst landeten sie bei Lilly. Jeden Abend musste ihr Papa erzählen, wie es war, Ella das erste Mal zu sehen, auf dem Arm zu halten. Sie wollte alles wissen. Was er dachte und fühlte. Und Mama erzählte alles noch einmal aus ihrer Sicht. Mama berichtete jedes Mal ausführlich, wie stolz Papa gewesen war. Jedem präsentierte er seine Prinzessin: den Nachbarn, der Verkäuferin im Supermarkt, dem Postboten. „Das ist meine Ella! Ist sie nicht süß! Wie die Mama!" Das würde sich bald wiederholen, nur hieße es: „Das ist meine Lilly!"

Dann dachte Ella an ihren neuesten Einfall, der eine geniale Überraschung werden könnte. Ella musste den perfekten Moment abpassen. Bis dahin hieß es weiterbasteln und Augen und Ohren offen halten.

„Seht mal!", rief Naomi. „Die Jungs haben es geschafft! Sieht toll aus!"

Konradine guckte „Das wollen wir uns genauer ansehen. Hoffentlich haben sie meinen Johannisbeerstrauch in Ruhe gelassen. Der ist empfindlich!“ Konradine, Katharina und Naomi gingen raus. Der perfekte Moment war gekommen!

Als sie tatsächlich draußen waren, kontrollierten Ellas Augen jeden Winkel des Wohnzimmers. Auf dem Tisch lag ein Stapel Hefte und Zeitungen. Sie blätterte ihn durch. Nichts. Man spionierte nicht in den Sachen anderer herum. Das gehörte sich nicht. Dieser Fall war allerdings eine Ausnahme, denn er diente einem guten Zweck! Ella drehte den Kopf zum Fenster. Konradine und die Mädchen waren nicht mehr im Garten. Sie hörte ihre Stimmen, als sie den Schreibtisch und die Pinnwand inspizierte und das fand, wonach sie suchte. Eilig zog sie ihr Handy aus der Hosentasche und knipste ein Foto eines Zettels. Es war scharf genug, um das Geschriebene lesen zu können: die Adresse von Walburga Weber.

Die Mädchen bastelten die Karten fertig. „Wollen wir sie gleich verteilen? Wir könnten Chili mitnehmen?“, fragte Ella. Die anderen beiden nickten. Chili raste in den Flur und kam mit der Leine im Maul zurück. Schwanzwedelnd tänzelte er um Ella herum.

Unterwegs berichtete Ella den anderen beiden von ihrem Plan, Walburga als Überraschungsgast einzuladen. „Hoffentlich stimmt die Adresse noch! Und hoffentlich kommt sie! Wisst ihr, ob sie sich bei Konradine gemeldet hat?“ Katharina und Naomi zuckten mit den Schultern. „Wir haben gar nicht mehr nachgefragt.“

Voller Eifer schoben sie die Einladungen in die Briefkästen. Naomi blickte auf die Uhr.

„Ich muss los, bin total spät dran!“ Und schon war sie verschwunden. Mittwochs trainierte Naomi nachmittags drei Stunden.

„Viel Spaß!“, riefen Ella und Katharina ihr hinterher.

„An was denkst du?“, fragte Ella Katharina.

„An Konradines Kinder. Die Grundidee gibt es schon. Wir haben das Rote Kreuz und ähnliche soziale Einrichtungen. Wir können es nur im kleinen Rahmen durchführen: einkaufen für Ältere, Gassi gehen, solche kleinen Dinge eben. Dafür müssen wir werben. Wir brauchen ein Konzept und Flugblätter.“

„Ein *was*?“, fragte Ella nach.

„Ein Konzept ist ein Plan. Welche Arbeiten bieten wir an? Welche dürfen wir machen, welche nicht? Kinderarbeit ist verboten und gegen das Jugendschutzgesetz dürfen wir nicht verstoßen. Ich frag meinen Onkel. Der kennt sich aus.“

„Klingt nach viel Arbeit.“

„Stimmt. Aber wir ziehen alle an einem Strang. Wir teilen die Arbeiten auf. Das klappt auf jeden Fall. Vor der Kommunion fangen wir nicht an und danach verfügen wir über genügend Zeit, sodass wir in den Sommerferien beginnen können.“

„Eins nach dem anderen! Du klingst wie meine Oma Johanna.“ Ella lachte los.

„He! Ich bin doch nicht altklug!“, grinste Katharina.

„Alt nicht. Aber klug bist du schon!“, lobte Ella.

Zurück bei Konradine bewunderten Ella und Katharina das Werk der Jungs. Der Garten sah wundervoll aus!

Zu Hause setzte sich Ella an ihren Schreibtisch und schrieb Walburga einen Brief.

„Hallo Prinzessin!“ Papa steckte seinen Kopf herein.

Ella drehte sich um. „Papa!“

„Du machst doch keine Hausaufgaben mehr, oder?“, fragte er streng.

Ella schüttelte den Kopf. „Das ist ein Brief an Walburga!“ Papa sah sie ratlos an. „Erklär ich dir gleich. Ich will ihn vor dem Abendessen noch fertig schreiben.“

Papa gab ihr einen zärtlichen Kuss und verließ das Zimmer. Sie hörte, als er Mama fragte: „Anna, kennst du eine Freundin von Ella, die Walburga heißt?"

Ella setzte sich an den Tisch. Mama hatte Pfannkuchen gebacken, Ellas Leibspeise.

„Wer ist Walburga?", fragten Mama und Papa gleichzeitig. Ella erzählte von Konradines Gartenparty, der Suche nach Konradines Freundin und Ellas Einfall, sie einzuladen.

„Eine großartige Idee!", sagte Mama. Plötzlich kniff sie die Augen zusammen.

„Was ist?", fragte Ella aufgeregt.

„Nichts. Deine Schwester hat mich getreten! Ganz schön temperamentvoll!"

„Das fühlst du?", fragte Ella.

Mama nickte. „Willst du?"

Darum ließ sich Ella kein zweites Mal bitten. Sie sprang auf und legte ihre Hand sachte auf Mamas Bauch. „He! Lilly! Große Schwestern tritt man nicht! Die verehrt man!", flüsterte Ella Mamas Bauch zu. „Wann kommst du endlich? Erzählt ihr mir noch mal, wie es war, als Oma und Opa mich das erste Mal sahen?" Sie guckte Papa mit dem Ella-Spezial-Blick an. Dem konnte er nicht widerstehen.

Kapitel 21

Herzklopfen

Eineinhalb Wochen später. Am Vormittag besuchte Ella Katharina zu Hause. Die beiden beschlossen, sich herauszuputzen. Für die Gartenparty, für sich selbst, für Konradine und für die Gäste. Ella half Katharina, ein passendes Kleid zu finden, und steckte ihr die Haare hoch.

„Wow! Bin das ich?“ Verdutzt blickte Katharina in den Spiegel.

„Zum krönenden Abschluss.“ Ella steckte ihr einen Haarreifen ins Haar. „Ein bisschen Kopfschmuck.“

Katharina strahlte. „Danke, Ella! Mensch, seh ich gut aus!“

Zu Hause machte sich Ella ebenfalls zurecht und sah bezaubernd aus. Eilig radelte sie zu Konradine. Bei jedem kleinen Hügel hüpften die Muffins in ihrem Korb hoch. Hoffentlich bekamen sie keine Dellen. Mama hatte sich so viel Mühe gegeben, obwohl ihr gestern nicht gut war. Sie wollte auch noch Pizza backen, aber Papa verordnete ihr strikte Bettruhe. Das Pizzabacken hatte er übernommen. Ella war skeptisch. Beim Kochen war er total talentfrei. Wenn Mama nicht zu Hause war, rief er immer den Pizzadienst.

„Ich hab die Pappteller vergessen!“, sagte Simon.

„Die brauchen wir nicht! So ein Quatsch! Das ist Umweltverschmutzung! Auf dem Dachboden habe ich Berge von Besteck, Geschirr und Gläsern. Von meiner Mutter, Oma und sogar Uroma."

„Die Sachen sind viel zu wertvoll!", widersprach Ella heftig. „Wenn was kaputtgeht?"

Konradine lachte. „Davon geht die Welt nicht unter. Und mich schimpft keiner mehr. Kommt, Kinder, jetzt durchstöbern wir die alten Kisten. Wir bilden drei Gruppen. Die Sucher, die Spüler und die Läufer. Die Läufer bringen die Sachen zu den Spülern. Das Geschirr verträgt keine moderne Spülmaschine und viel Zeit bleibt uns nicht. Auf die Plätze, fertig, los!"

Tatsächlich fanden sie edle Gläser mit Goldrand, die man aus Filmen mit Königen kannte. Die Teller waren zart und bemalt.

Gemeinsam erledigten Konradines Kommunionkinder die restlichen Vorbereitungen. Simon baute die Bierbankgarnituren auf, die Mädchen schwangen weiße Tischdecken darüber und fixierten sie mit Haken. Sie deckten den Tisch mit dem schönen Geschirr und wundervollen alten Gläsern. Narzissen und Tulpen aus dem Garten schmückten die Tische.

Sogar Serviettenringe hatten sie gefunden. Ella rollte die Stoffservietten und steckte sie in einen Ring. „Das sieht fantastisch aus!" Ella war begeistert. Als sie auf die Uhr blickte, bekam sie einen Schreck. Kurz blickte sie Katharina an. Sie verstand sofort. „Konradine, ich habe etwas zu Hause vergessen. Ich muss schnell heim!", sagte Ella und sprang auf ihr Rad. Verdutzt blickte Konradine ihr nach.

Ella trat fest in die Pedale und kam gerade noch rechtzeitig. Ella hörte Papa sagen: „Sie sind mit meiner Tochter verabredet? Wer sind Sie denn?"

„Mensch, Papa! Das ist Walburga, unser Überraschungsgast! Mann, Papa, so alt bist du doch auch noch nicht!“, grinste Ella.

„Deine Tochter ist ganz schön frech, Anna!“ Verschmitzt lächelte Papa Mama an.

„Das hat sie von dir!“

Papa wollte widersprechen, als ihnen Ella ins Wort fiel. „Ist egal, von wem ich das hab! Wir jedenfalls müssen los! Ich wollte Konradine noch überraschen, bevor alle kommen. Komm mit, Walburga!“ Gemeinsam gingen sie eiligen Schrittes los in die Paradiesgasse 1.

„Bis später!“, rief Ella ihren Eltern zu. „Und Papa, lass die Pizza nicht verkokeln!“ Ella war mit Walburga verschwunden, bevor Ellas Eltern noch etwas sagen konnten.

In der Zwischenzeit war in Konradines Garten alles perfekt vorbereitet, Musik lief im Hintergrund. In einer Stunde sollten die anderen Gäste eintreffen.

Konradine saß in ihrem Schaukelstuhl auf der Terrasse und döste. Ella winkte Katharina zu sich her. Sie brachte Walburga in die Küche.

„Konradine!“, flüsterte Ella. Alte Leute durfte man nicht erschrecken, sagte Oma immer, sonst bekämen sie Herzflattern. „Konradine!“

Konradine blinzelte. „Ella! Da bist du wieder! Hast du alles?“

Ella nickte. „Ich hab eine Überraschung für dich! In der Küche! Ich hoffe, du freust dich!“

Konradine strich ihr sanft über den Kopf. „Wenn eine Überraschung von Herzen kommt, freut man sich immer!“ Ellas Herz stolperte über seine eigenen Schläge. Hoffentlich freute sich Konradine wirklich.

Als Konradine die Küche betrat, stand Walburga auf und drehte sich um. Die beiden blickten sich fassungslos an, sagten keinen Ton. Ratlos guckte Ella von der einen zur anderen. Keine sagte etwas, keine regte sich.

„Walburga Weber! Das wurde aber auch allerhöchste Eisenbahn!" Konradine entglitt ein feines Lächeln.

„Das kannst du laut sagen, Fräulein Stupinski!" Die beiden fielen sich in die Arme.

Ella fühlte, wie der dicke, schwere Stein von ihrem Herzen plumpste. „Ich lass euch allein!" Ella ging nach draußen, wo die anderen gespannt warteten.

„Und?"

Ellas Mundwinkel zogen sich nach oben. „Die freuen sich wie zwei Königskinder!"

„Seht mal. Da kommt einer mit wenigstens zehn Schachteln Pizza!" Simon deutete zum Gartentor.

Ella glotzte ihren Papa verdutzt an. „Papa? Du wolltest doch selbst backen!"

Mama lachte. „Ich wollte dem Superbäcker helfen. Aber dein Vater war davon überzeugt, dass er das alleine schafft. Nachdem er die Pizza in den Ofen geschoben hatte, ruhte er sich aus und wachte erst auf, als ..."

Papa unterbrach sie. „Als mir deine Mama die verkohlte Pizza unter die Nase hielt!" Das klang schon fast wie eine Beschwerde.

„Diese Pizzen könnt ihr bedenkenlos essen", sagte Ellas Mama. Die Kinder lachten. Ellas Papa fand das nicht so witzig.

„Papa kann viel, aber kochen kann er nicht." Ellas Mama nickte zustimmend.

„Das sind viele Pizzen, Dr. Munte!", meinte Katharina. „Wer soll das alles essen?"

„Das schaffen wir schon!", meinte Simon. „Ich hab eh schon Hunger!"

Nach und nach trudelten die anderen Gäste ein. Alle hatten zugesagt! Ella fand es interessant, die anderen Eltern kennenzulernen. Ellas Eltern verstanden sich prächtig mit Katharinas Eltern. Zufrieden lächelte Ella. Doch plötzlich verschwand ihre fröhliche Miene.

„Oh, eine Feier!", sagte eine Frau, deren Stimme Ella zu gut kannte. Konradine ging auf die Frau zu. Sie war die Mutter von Lotte. Wehe sie verdarb allen das Fest mit ihren doofen Kommentaren. Zu Ellas Entsetzen lud Konradine Lottes Mutter ein mitzufeiern! Wie konnte sie nur! Ella verstand die Welt nicht mehr. Ella beobachtete, wie Lottes Mutter eine SMS schrieb. Es dauerte nicht lange, bis Ella herausfand, was sie schrieb. Helenas und Henriettes Mutter erschienen und noch viele andere, die Ella nicht kannte. Sie vermutete allerdings, dass auch sie stets schlecht über Konradine sprachen.

Konradine war bester Laune. Vielleicht konnte sie nicht mehr klar denken, weil sie wegen Walburga aufgekratzt war?

Ella hatte Angst, dass die arroganten Ziegen auftauchten. Doch weder Lotte noch Henriette noch Helena ließen sich blicken. Dem Himmel sei Dank!

Ein paar Spaziergänger kamen vorbei. Auch die lud Konradine ein. Die Leute waren verwundert, nahmen aber die Einladung an. Und auch sie sollten es nicht bereuen. Ellas Angst, die Party könnte platzen, eskalieren, bestätigte sich nicht. Im Gegenteil. Alle schienen Spaß zu haben. Chili hopste fröhlich hin und her.

„Ella, kommst du?" Alexander tippte sie an. „Wir haben ein Problem!"

Kapitel 22

Schöne Worte

„Wir müssen uns entscheiden! Und zwar jetzt! Freiwillige vor!" Alexanders Stimme klang hektisch. Ella hatte noch nie vor fremden Leuten gesprochen. Sie war sich sicher, dass sie kein Wort sagen konnte. Und dasselbe Problem schienen auch alle anderen zu haben. Der Text war fertig, jeder hatte etwas dazu beigetragen, und nun traute sich keiner, ihn vorzulesen.

„Ich finde es blöd, wenn nur einer vorne steht und redet", sagte Ella. „Wir sollten uns alle gemeinsam hinstellen und jeder liest einen Satz. Einer für alle!", rief sie.

„Und alle für einen!" So schnell konnte man ein Problem lösen! Mulmig war Ella schon. Die Kinder stellten sich in einer Reihe auf. Niemand bemerkte, dass sie etwas sagen wollten.

Katharina griff nach einem Glas und tippte vorsichtig mit dem Messer dagegen. Niemand hörte es. Sie versuchte es erneut. Das Glas zerbrach. „Oh!" Mehr brachte Katharina nicht mehr heraus.

Konradine bemerkte das. „Das ist nicht schlimm, Katharina!" Zu den Gästen gewandt meinte sie: „Hört mal! Die Kinder wollen etwas sagen!" Die Erwachsenen verstummten und blickten gespannt auf die sechs. Doch keiner sagte was. Ella sah Mama an. Mama lächelte und nickte ihr zu, als wollte sie sagen: „Komm, trau dich!"

„Unser großes Fest, unsere Heilige Erstkommunion steht kurz bevor“, fing Ella an.

„Wir hatten das Glück, die beste Tischoma aller Zeiten zu haben!“ Katharina fuhr fort.

„Auch wenn viele von Ihnen es nicht glauben wollen, Konradine war und ist grandios“, sagte Alexander.

„Wir haben in den vergangenen Monaten sehr viel gelernt. Es hat riesengroßen Spaß gemacht!“, sprach Simon und Naomi endete mit ihrem Satz: „Wir wollen den Kontakt zu Konradine erhalten, noch viel gemeinsam erleben, unternehmen und mehr über Gott und Jesus erfahren.“

„Konradine.“ Ella wandte sich nun direkt an sie. „Für uns warst und bist du eine große Bereicherung und wir sind stolz, dass wir deine Kommunionkinder sein dürfen!“ Ella sah ein paar glasige Tränen in Konradines Augen. Die Gäste klatschten.

Der Pfarrer kam zu den Kindern. „Ich bin froh, dass es euch so gut gefallen hat. Ich wusste, dass Konradine ihre Aufgabe mit Bravour meistert! Ich weiß, dass einige unter uns von meiner Idee nicht begeistert waren. Ich hoffe, dass nun die letzten Skeptiker überzeugt wurden. Und eines noch: Vergesst nicht, Kinderstimmen sind die ehrlichsten Stimmen, die es gibt. Deshalb frag ich dich, Konradine Stupinski, willst du im nächsten Jahr wieder eine Tischoma sein?“

Konradine sah sich um. Ihre Wangen färbten sich apfelrot. „Was für eine Frage!“

„Natürlich macht sie das!“

„Bitte, bitte, bitte!“

„Ich will auch in deine Gruppe!“, sagte ein kleines Mädchen.

Der Pfarrer blickte Konradine noch an. Walburga gab ihr einen Stups.

„Es tut mir leid, dass ich so schlecht über Sie geredet habe!“, entschuldigte sich Henriettes Mutter.

„Uns auch!“, sagten ein paar andere.

Konradine seufzte. „Also gut!“ Ein Jubel erfüllte den Garten. „Aber eines will ich noch sagen: Ohne euch, Ella, Eddie, Katharina, Naomi, Alexander und Simon, hätte ich das nie geschafft. Ihr wart und seid eine tolle Truppe und habt mich zu dem gemacht, was ich jetzt bin, eine Tischoma. Ich danke euch!“

Kapitel 23

Die Jesuskinderbande

Ein letztes Mal saßen die Kinder bei Konradine zusammen. Das letzte Mal als Konradines Kommunionkinder. Es war ein eigenartiges Gefühl.

Konradine blickte Ella an. „Es ist nur“, begann Ella. „Ich hab mich schon an unsere Treffen gewöhnt. Ich finde es komisch, dass ich ab nächster Woche nicht mehr zur Gruppenstunde komme.“

Ella zerstocherte ihren Kuchen. Er war ein einziger Bröselberg. „Aber du kannst mich weiterhin besuchen und mit Chili Gassi gehen. Das gilt für euch alle!“, sagte Konradine und blickte jeden an.

Die Kinder nickten. „Es ist nicht dasselbe. Wir hatten eine Aufgabe, an der wir gemeinsam gearbeitet haben!“

Alexander guckte Ella an. „Die haben wir auch weiterhin! Oder hast du vergessen, dass wir eine Helfergruppe gründen wollten?“

„Stimmt!“, rief Ella. „Konradines Kinder!“

Mit Daumen und Zeigefinger strich sich Konradine über ihr Kinn und überlegte. „Mir gefällt das nicht. Konradines Kinder. Nein, wir brauchen etwas Peppigeres!“ Konradines Kinder. Helferkinder. Retter. Retterkinder. Ella schossen einzelne Worte durch den Kopf, aber keines war gut.

„Mädels, ihr seid unsere kreativen Köpfe. Lasst euch was einfallen!“, forderte Simon die Mädchen auf.

„Du bist der Spaßvogel bei uns! Überleg du mal!", meinte Naomi.

Simon blickte angestrengt an die Decke und riss die Augen auf. „Ja!" Gespannt warteten die anderen auf seine Idee. „Doch nix!", grinste Simon. Typisch Simon.

„Mal im Ernst", sprach Alexander. „Wir sind eine Gruppe, ein Team, eine Gang."

Ella jauchzte. „Wir sind eine Bande!"

„Das klingt gut!"

„Nur Bande ist viel zu öde!"

„Kinderbande."

„Da weiß keiner auf Anhieb, was dahintersteckt!"

Die Kinder plapperten wild durcheinander, diskutierten und kamen zu keinem Namen, der ihnen allen gleich gut gefiel.

„In den vergangenen Monaten haben wir uns besser kennengelernt, durch Gott und mit Gott. Durch und mit Jesus. Und durch und mit Konradine. Wir sind Konradines Kommunionkinder und wir sind Gottes Kinder und Jesu Kinder", sagte Katharina.

Ella blickte ihre Freundin an. „Klar! Ich hab's!"

„Jetzt sag schon!"

„Wir sind", Ella machte eine Pause, „die Jesuskinderbande!"

„Jesuskinderbande. Das klingt gut, das klingt richtig gut!" Die Kinder und Konradine waren begeistert und feierten bei einer zweiten Runde Kakao die offizielle Gründung der Jesuskinderbande.

Eifrig schmiedeten sie an diesem Nachmittag Pläne: Wie oft trafen sie sich? Welche Aufgaben übernahmen sie? Sie sammelten viele Ideen und hielten an ihrem Plan fest, bis zu den Sommerferien zu starten.

In der letzten Schulwoche verteilten sie Flugblätter in Supermärkten, hefteten sie an Bäume und legten sie in Arztpraxen aus:

Sie brauchen Hilfe? Melden Sie sich bei uns! Wir sind die Jesuskinderbande und helfen Ihnen gerne.

Darunter standen alle Informationen, eine Telefonnummer und eine Webadresse, deren Website Konradine zusammen mit Walburga erstellt hatte.

Die Autorin

Lina Ebhard wurde am 9.3.1979 in Bayern in der Nähe vom Chiemsee geboren und wohnt mit ihrem Mann in München.

Der Umgang und das Spiel mit der Sprache liegen ihr in den Genen. Ihr Großvater schrieb Gedichte. Und eben auf diese Weise begann auch ihre Schreibkarriere.

Zunächst waren es Gedichte in bayerischer Mundart, die sie zu besonderen Anlässen schrieb und vortrug. Doch immer öfters verspürte sie den Wunsch, mehr aus ihrer Leidenschaft zu machen und entschied sich für einen Autorenlehrgang, um mehr über das Schreiben zu lernen und so ihr Talent besser nutzen und weiter ausbauen zu können.

Weitere Infos unter www.lina-ebhard.de.

Ihre Bücher

Gustav und das Terror-Trio
ISBN: 978-3-940367-60-0
Taschenbuch, 136 Seiten
2. Auflage, 10,20 Euro

Gustav ist das perfekte Opfer: Er ist dick und kein bisschen selbstbewusst. Er hat keinen Vater und keinen älteren Bruder, der ihn vor dem „Terror-Trio" beschützen könnte, vor allem am Mittwoch. Denn mittwochs ist Zahltag.

Wenn es Zimtsterne schneit
ISBN: 978-3-86196-020-1
Taschenbuch, 94 Seiten
9,90 Euro

Das ist weder ein gewöhnliches Buch noch ein gewöhnlicher Adventskalender. Es ist ein Adventskalenderbuch, bestehend aus 24 Geschichten, Gedichten, Rätseln und Theaterstücken.

Ihre Bücher

Igor der Schreckliche
ISBN: 978-3-86196-194-9
Taschenbuch, 106 Seiten
9,50 Euro

Igor der Schreckliche ist alles andere als schrecklich und alles andere als ein Vorzeigevampir. Er hat kein Talent und eigentlich nur einen Wunsch: Die Menschenwelt zu erobern und zu leben wie ein normaler Junge.

Krimizimmerei
ISBN: 978-3-86196-044-7
Taschenbuch, 186 Seiten
10,90 Euro

Lina Ebhard ist in dieser Anthologie für kleine Krimifreunde mit dem Beitrag **„Amadeus, Tamino und die Katzenfängerbande“** vertreten.

Ihre Bücher

Wie aus dem Ei gepellt ...
ISBN: 978-3-86196-050-8
Taschenbuch, 274 Seiten
12,20 Euro

In dieser Anthologie entführt Lina Ebhard ihre Leser tatsächlich in das Osterhasenland. Ihr Beitrag trägt den Titel **„Edward und die Osterfee“**.

Wünsch dich ins Wunder-Weihnachtsland Bd. 4
ISBN: 978-3-86196-068-3
Taschenbuch, 204 Seiten
11,90 Euro

„Das geflickte Weihnachtsfest“, heißt die kleine Geschichte, die im 4. Band der Anthologienreihe veröffentlicht wurde. Auch in Band 1, 2 und 3 ist Lina Ebhard vertreten.